秦皇岛市国土资源

QINHUANGDAO SHI GUOTU ZIYUAN

秦皇岛市第三次全国国土调查领导小组办公室
秦 皇 岛 市 自 然 资 源 和 规 划 局
河 北 省 区 域 地 质 调 查 院
河 北 省 区 调 地 质 勘 查 有 限 公 司
编著

中国地质大学出版社
ZHONGGUO DIZHI DAXUE CHUBANSHE

图书在版编目(CIP)数据

秦皇岛市国土资源/秦皇岛市第三次全国国土调查领导小组办公室等编著.—武汉:中国地质大学出版社,2022.7

ISBN 978-7-5625-5289-5

Ⅰ.①秦…　Ⅱ.①秦…　Ⅲ.①国土资源-概况-秦皇岛　Ⅳ.①F129.922.3

中国版本图书馆 CIP 数据核字(2022)第 092926 号

秦皇岛市国土资源

秦皇岛市第三次全国国土调查领导小组办公室
秦皇岛市自然资源和规划局
河北省区域地质调查院
河北省区调地质勘查有限公司
编著

责任编辑:方　焱　胡珞兰　　选题策划:毕克成　段　勇　　责任校对:何澍语

出版发行:中国地质大学出版社(武汉市洪山区鲁磨路 388 号)　　邮编:430074

电　话:(027)67883511　　传　真:(027)67883580　　E-mail:cbb@cug.edu.cn

经　销:全国新华书店　　http://cugp.cug.edu.cn

开本:880 毫米×1 230 毫米　1/16　　字数:349 千字　　印张:11

版次:2022 年 7 月第 1 版　　印次:2022 年 7 月第 1 次印刷

印刷:武汉精一佳印刷有限公司

ISBN 978-7-5625-5289-5　　定价:88.00 元

《秦皇岛市国土资源》领导小组

《秦皇岛市国土资源》编辑委员会

昌黎县人民政府副县长庞印宝（正面左二）安排部署第三次全国国土调查工作（2018年11月9日）

河北省第三次全国国土调查领导小组办公室副主任、自然资源厅自然资源调查监测处处长袁辉（正面右二）一行3人到秦皇岛市调研督导第三次全国国土调查工作（2019年3月18日）

秦皇岛市第三次全国国土调查领导小组办公室在石家庄集中办公地召开秦皇岛市第三次全国国土调查外业进度及最终成果调度会（2019年6月14日）

秦皇岛市第三次全国国土调查领导小组办公室组织昌黎县、抚宁区与河北省第三次全国国土调查领导小组办公室高志斌（左六）、赵延华（左五）及省核查单位对接省级核查问题（2019年8月16日）

秦皇岛市第三次全国国土调查领导小组办公室主任、自然资源和规划局副局长赵小鹏（左五）到秦皇岛市第三次全国国土调查集中办公地督导调研（2019年8月23日）

秦皇岛市第三次全国国土调查领导小组办公室主任、自然资源和规划局副局长赵小鹏（左二）督导昌黎县第三次全国国土调查工作（2020年6月16日）

秦皇岛市第三次全国国土调查领导小组办公室主任、自然资源和规划局副局长赵小鹏（右一）专题调研青龙县林草地类认定问题（2020年8月28日）

秦皇岛市第三次全国国土调查工作调度会（2020年9月27日）

耕地景观

园地景观

林地景观

草地景观

商业用地景观

工业用地景观

住宅用地景观

公共管理与公共服务用地景观

特殊用地景观

交通运输用地景观

水域及水利设施用地景观

其他土地景观

湿地景观

序

第三次全国国土调查(以下简称三调)是国务院部署的一项重大国情国力调查,是全面查实查清国土资源的重要手段,也是党和国家机构改革后统一开展的自然资源基础调查。

在秦皇岛市委、市政府的统一领导及各县区政府、市直各有关部门的大力支持和协同配合下,在各级资源规划部门、调查机构和调查人员的共同努力下,秦皇岛市三调工作克服了机构改革和新型冠状病毒肺炎疫情带来的困难,按照韩正副总理"宁要数据的真实性,不要虚假的前后一致性"要求,严格落实自然资源部"毫不动摇、寸步不让、虚报严惩、讲清原因"十六字工作要求,圆满完成了调查任务,取得了重大成果。三调全面采用优于1米分辨率的卫星遥感影像制作调查底图,广泛应用移动互联网、云计算、无人机等新技术,创新运用"互联网+调查"机制,全流程严格实行质量管控,2018年启动,全市共计354名调查人员参与,汇集了48.04万个调查图斑,以2019年12月31日为标准时点,全面查清了全市国土资源利用状况,掌握了各类国土资源的"家底"。在全市上下的努力下,所有县区均在省规定时间内完成了成果上报,上报进度居全省第3位,同时严抓调查成果质量,认真做好县级自检、市级监理,全流程严格实行质量管控,秦皇岛市调查成果平均差错率为0.29%,远低于国家3%差错率的要求,在全省"三调"成果验收工作中,秦皇岛市市级、县级"三调"成果一次性通过省级验收,市级"三调"成果创新性地展现了土地利用的三维效果,增强了实用性和美观性,获省三调办各位领导、专家一致好评。

为全面总结和展示秦皇岛市第三次全国国土调查成果,充分发挥三调成果效用,秦皇岛市第三次全国国土调查领导小组办公室(以下简称三调办)会同相关单位共同编写了《秦皇岛市国土资源》一书。该书的出版,不仅能为秦皇岛市保护耕地资源、节约集约利用土地、编制国土空间规划等国土管理工作提供保障,更能为秦皇岛市委、市政府科学决策提供有力数据支撑,将在促进全市经济社会平稳健康发展、推进生态文明体制改革、健全自然资源资产产权制度、服务供给侧结构性改革等方面发挥重要作用!

编著者

2021年11月

前　言

国土调查是一项重大的国情国力调查，是查实查清土地资源的重要手段。按照《秦皇岛市人民政府关于开展第三次全国土地调查的通知》（秦政字〔2018〕3 号）有关工作要求，秦皇岛市于 2018 年1 月成立了秦皇岛市第三次全国土地调查领导小组，随后组建了秦皇岛市第三次全国土地调查领导小组办公室，全面启动了秦皇岛市第三次全国土地调查。2018 年 8 月，根据《国务院办公厅关于调整成立国务院第三次全国国土调查领导小组的通知》（国办函〔2018〕53 号），秦皇岛市于 2018 年 9 月起全面开展第三次全国国土调查。调查工作历时 3 年，以 2019 年 12 月 31 日为标准时点，汇集了 48.04 万个调查图斑，全面查清了全市国土资源利用状况，掌握了各类国土资源家底。

《秦皇岛市国土资源》秉持系统性、科学性和延续性的原则，以秦皇岛市第三次全国国土调查成果为主要依据，系统全面地汇总了秦皇岛市第三次全国国土调查的成果资料，客观详细地阐明了秦皇岛市第三次全国国土调查后的土地利用状况，深入分析了第二次全国土地调查与第三次全国国土调查的土地利用变化情况，是秦皇岛市第三次全国国土调查市级汇总工作的重要成果。

《秦皇岛市国土资源》的编写工作得到了河北省三调办袁辉、王伟等各位领导、专家的悉心指导，秦皇岛市统计局提供了有关数据资料，秦皇岛市摄影家协会郎晓光、王福宽提供了精美的摄影作品，在此表示衷心感谢！

由于编者水平所限，加之时间紧促，书中难免有疏漏之处，恳请读者批评指正。

编著者

2021 年 11 月

目　录

第一部分　概　况

第二部分　土地利用现状

第三部分　土地利用变化分析

附　录　大事记

1 概况

第一章　土地环境条件

第一节　地理位置及行政区划

一、地理位置

秦皇岛位于河北省东北部，南临渤海，北依燕山，东接辽宁，西近京津，地处华北、东北两大经济区接合部，居环渤海经济圈中心地带，介于北纬39°24′—40°37′，东经118°33′—119°51′之间，东北接辽宁省葫芦岛市绥中县、建昌县和朝阳市的凌源市，西北临河北省承德市宽城满族自治县，西靠唐山市的滦州、迁安、迁西、滦南4县市，南临渤海。北距沈阳市387千米，东距大连市210千米，西距首都北京市265千米，距天津市218千米，距石家庄市479千米。

秦皇岛，简称“秦”，别称港城、临榆，是河北省地级市，国务院批复确定的中国环渤海地区重要的港口城市，著名的滨海旅游、休闲、度假胜地。截至2019年末，全市常住人口314.63万人，常住人口城镇化率为60.72%①。

二、行政区划及其历史沿革

秦皇岛现辖4个市辖区（海港区、山海关区、北戴河区、抚宁区）、2个县（昌黎县、卢龙县）、1个自治县（青龙满族自治县）、1个新区（北戴河新区）、1个国家级开发区（秦皇岛经济技术开发区）。因秦皇岛经济技术开发区、北戴河新区无行政区划代码，成果汇总到相应县级调查单位数据库上报。全市共计7个县级调查单位。

1948年11月建立秦榆市（包括秦皇岛、山海关、北戴河）、昌黎市（唐山专署驻地）。临榆县在抚宁海阳镇、抚宁县在抚宁城、卢龙县在卢龙城相继建治，隶属河北省唐山专区。

1949年3月11日，山海关划归辽西省，建山海关市；秦榆市改为秦皇岛市，为河北省辖市；同年6月，撤销昌黎市，并入昌黎县；同年7月，将青平县划归青龙县，隶属热河省。

1952年11月，山海关市撤销，划归秦皇岛市。

1954年7月，临榆县撤销，并入抚宁县。

1956年1月，热河省建制撤销，青龙县属河北省承德专区。

1958年4月，秦皇岛市由省辖改属唐山专区。同年11月，抚宁县并入秦皇岛市，抚宁县洋河以西

① 数据来源于《秦皇岛统计年鉴2020》。

地区和卢龙县并入昌黎县。同年，唐山专署由昌黎县城迁至唐山市。

1961 年 5 月，恢复秦皇岛市、抚宁县、昌黎县、卢龙县原建制，隶属河北省唐山专区。

1963 年，将青龙县的 5 个区划出，另建宽城县，青龙县仍隶属承德专区。

1983 年 5 月 15 日，唐山地区撤销，实行市管县体制，抚宁县、昌黎县、卢龙县、青龙县即划归秦皇岛市管辖。

1984 年国务院批准设立全国首批、河北省首家国家级经济技术开发区——秦皇岛经济技术开发区。

1987 年 5 月，经国务院批准，正式成立青龙满族自治县。

2006 年 12 月，经河北省政府批准设立北戴河新区。

2015 年 7 月，经国务院批准，设立秦皇岛市抚宁区，石门寨镇、驻操营镇、杜庄镇划归海港区，牛头崖镇划归北戴河区。

2016 年 9 月，经国务院批准，设立北戴河生命健康产业创新示范区，这是中国第一个国家级生命健康产业创新示范区。

第二节　自然环境条件

一、地质、地貌

秦皇岛市位于燕山山脉东段丘陵地区与山前平原地带，地势北高南低，形成北部山区—低山丘陵区—山间盆地区—冲积平原区—沿海区的地貌格局。北部山区位于秦皇岛市青龙满族自治县境内，海拔在 1000 米以上的山峰有都山、祖山等 4 座。低山丘陵区主要为北部的山间丘陵区，海拔一般在 100～200 米之间，集中分布于卢龙县和抚宁区，该低山丘陵区是秦皇岛市甘薯、旱粮及工矿区。山间盆地区位于秦皇岛市西北和北部区域的抚宁、燕河营、柳江 3 处较大盆地，该山间盆地区是粮食作物的主产区。冲积平原区主要位于海拔 0～20 米的区域，分布在抚宁区和昌黎县。沿海区主要分布在海港区、山海关区、北戴河区、抚宁区和昌黎县，该区域是秦皇岛市重要沿海旅游资源区，有山海关、北戴河、南戴河等独特的自然和人文景观，是中国著名的避暑胜地。

二、气候

秦皇岛市的气候类型属于暖温带，地处半湿润区，属于暖温带大陆性季风气候。因受海洋影响较大，气候比较温和，春季少雨干燥，夏季温热无酷暑，秋季凉爽多晴天，冬季漫长无严寒。辖区内地势多变，但气候影响不大。2019 年平均气温 11.9℃，平均湿度 57%①。

---

① 数据来源于《秦皇岛统计年鉴 2020》。

三、生物资源

1. 植物资源

秦皇岛市山区属燕山山脉东段，山区植被完好，有广阔林区。主要树种有油松、华北落叶松、侧柏、栎树、山杨等20余种。

昌黎、抚宁、青龙三县区被国家林业局确定为全国经济林建设先进县区；昌黎、青龙两县及山海关区还被国家林业局分别授予“中国葡萄之乡”“中国苹果之乡”和“中国大樱桃之乡”称号（图1-1）。

图1-1　昌黎葡萄产业园

2. 动物资源

秦皇岛地区的动物区系属温带森林—草原农田动物群，是迁徙动物途经地与停留地，尤其是候鸟迁徙的必经地，动物资源比较丰富，共有陆栖脊椎动物4纲29目85科417种，其中候鸟有369种，被誉为世界“四大观鸟基地”之一。列入国家一级保护野生动物名录的鸟类有白鹳、白鹤、金雕、丹顶鹤等7种，国家二级保护鸟类54种，省级保护鸟类28种，其他省级保护动物6种。

四、矿产资源

秦皇岛市发现各类有用矿产资源56种，其中金属矿产17种、非金属矿产36种、液体矿产3种。56种矿产中，已探明储量的22种，矿产地58处，其中大型矿床7处、中型矿床11处、小型矿床40处，较大规模矿床主要分布在青龙满族自治县和抚宁区境内。56种矿产中，开发利用的25种，其中以煤、铁、金、非金属建材矿产蕴藏量较大，截至2019年末，秦皇岛市主要矿种保有资源储量煤2.46亿吨，铁4.55亿吨，金金属量13.4吨，水泥用灰岩4.52亿吨。全市矿山203个，其中煤矿6个、铁矿65个、金矿36个、金铁矿4个、金铜矿1个、水泥用灰岩矿8个、钼矿1个、银矿1个、矿泉水3个、地热2个、其他76个①。

第三节　社会经济条件

一、人口与民族

截至2019年末，秦皇岛市常住人口为314.63万人，比上年末增加1.21万人。出生人口2.8万人，

① 数据来源于河北省矿产资源储量统计数据库。

人口出生率为8.9‰；死亡人口1.99万人，人口死亡率为6.33‰；人口自然增长率为2.57‰，比上年下降0.82个千分点。常住人口城镇化率为60.72%，比上年提高1.3个百分点。年末户籍人口301.36万人，比上年末增加1.28万人。户籍人口城镇化率为48.15%，比上年末提高0.67个百分点。全年城镇新增就业6.3万人，年末城镇登记失业率保持在2.83%的较低水平[①]。秦皇岛市有汉族、满族、回族、朝鲜族、蒙古族、壮族等42个民族，少数民族人口主要集中在青龙满族自治县，抚宁区西河南村是河北省的朝鲜族聚居村。

二、国民经济综合实力[②]

秦皇岛是河北省经济强市，是中国首批14个沿海开放城市之一，已跻身全国投资硬环境40优城市，拥有国家级秦皇岛经济技术开发区、秦皇岛出口加工区和燕山大学科技园。

2019年，秦皇岛市实现地区生产总值1 612.02亿元，按可比价格计算，比上年增长6.7%。分产业看，第一产业增加值206.32亿元，下降0.6%；第二产业增加值530.14亿元，增长6.7%；第三产业增加值875.56亿元，增长8.5%。三次产业构成比重为12.8∶32.9∶54.3。全市人均生产总值为51 334元，增长6.1%。2019年，秦皇岛市民营经济实现增加值1 077.43亿元，比上年增长7.3%，占全市生产总值的比重为66.8%，对总体经济增长的贡献率达到72.1%。2019年，秦皇岛市固定资产投资(不含农户)比上年增长7.1%。分产业看，第一产业投资增长50.2%，第二产业投资增长12.0%，第三产业投资增长3.8%。建设项目投资增长10.4%，房地产开发投资增长1.8%。工业投资增长12.4%，其中技改投资增长23.6%。

2019年，秦皇岛市居民消费价格比上年上涨2.7%。其中，城市上涨2.7%，农村上涨2.9%。分类别看，食品烟酒类价格上涨5.7%，服装上涨0.3%，居住上涨1.1%，生活用品及服务上涨1.8%，交通和通信下降2.1%，教育文化和娱乐上涨5.5%，医疗保健上涨2.5%，其他用品和服务类上涨5.0%。工业生产者出厂价格比上年上涨1.3%。其中重工业上涨1.0%，轻工业上涨2.2%；生产资料上涨0.6%，生活资料上涨4.3%。

2019年，秦皇岛市全部财政收入280.23亿元，比上年增长8.0%。其中一般公共预算收入144.14亿元，增长8.0%。一般公共预算收入中，税收收入101.74亿元，增长8.7%。财政支出450.69亿元，增长14.0%。其中一般公共预算支出317.96亿元，增长9.2%。

2019年，秦皇岛市城乡居民人均可支配收入26 916元，比上年增长9.6%。按常住地分，城镇居民人均可支配收入38 359元，增长8.4%；农村居民人均可支配收入15 035元，增长9.6%。城镇居民人均消费支出26 161元，增长6.8%；农村居民人均消费支出12 339元，增长9.7%。

三、交通运输

1.公路

秦皇岛是全国综合交通枢纽城市，京哈高速公路、沿海高速公路、承秦高速公路、102国道、205国道

①②数据来源于秦皇岛统计局官网发布的《2019年秦皇岛市国民经济和社会发展统计公报》。

贯穿全境。截至 2019 年末，全市境内公路总里程达 8814 千米，高速公路里程达到 282 千米①。2019 年，秦皇岛市公路货运量 6944 万吨，增长 0.1%；公路客运量 1625 万人次，增长 9.9%②。

秦皇岛市规划的“大”字形高速公路网及“三纵六横九条线”的公路主骨架逐步形成，为构建“1 小时经济圈”奠定了基础。“大”字形高速公路网由京沈高速、沿海高速及承秦高速公路、北戴河连接线构成；三纵即秦青线、青乐线、蛇刘线；六横即京建线、凉龙线、三抚线、102 国道、205 国道、沿海公路；九条线是路网骨架的补充，主要有青龙连接线、双牛线、山海关连接线、出海路复线、京沈高速开发区连接线、南南线、抚留线、卢昌线、燕新线。

2. 铁路

秦皇岛的铁路由北京铁路局、太原铁路局、沈阳铁路局共同管理，秦沈客运专线、京哈铁路、津山铁路、大秦铁路、津秦客运专线 5 条铁路干线穿境而过。2019 年，秦皇岛市铁路货运量 517 万吨，客运量 1163 万人次③。

火车站：秦皇岛站、北戴河站、山海关站、昌黎站、卢龙站、抚宁站。

3. 航空④

秦皇岛山海关机场为军用机场，建设标准为 4D 级，距秦皇岛市海港区约 12.6 千米，距山海关区约 5 千米，投入运营以来先后通达广州、上海、北京、石家庄、大连等 40 多座城市。2019 年航空货运量379 吨，下降 26.2%；客运量 50.65 万人，增长 22.3%。

图 1-2　海港区港口码头

4. 航运⑤

2019 年，秦皇岛市港口货物吞吐量 2.19 亿吨，下降 5.4%；集装箱吞吐量 61.73 万标准箱，增长5.6%。水运货运量 551 万吨，客运量 91.31 万人(图 1-2)。

5. 公交⑥

截至 2019 年末，秦皇岛市实有公共汽(电)车营运车辆 1752 辆，比上年增长 7.0%；全年公共汽(电)车客运总量 12 582 万人次。年末实有出租车 4660 辆。

四、社会事业

1. 教育事业⑦

截至 2019 年末，秦皇岛市共有学前教育机构 1015 个，在园幼儿 7.24 万人。小学 421 所，招生数

---

①③数据来源于《秦皇岛统计年鉴 2020》。

②④⑤⑥⑦数据来源于秦皇岛统计局官网发布的《2019 年秦皇岛市国民经济和社会发展统计公报》。

3.58万人,在校生20.91万人。普通中学157所,招生数5.30万人,在校生14.58万人。其中初级中学125所,在校生9.86万人,初中毕业生升学率92.2%;高级中学32所,普通高中在校学生4.72万人。中等职业教育学校39所,招生数1.18万人,在校生3.13万人。普通高等院校13所,招生数4.77万人,在校生15.29万人,其中在校研究生9422人。

2. 科学技术①

2019年,秦皇岛市组织实施科技计划项目398项,其中70个项目获得国家、省4573万元资金支持,10个项目获得省级科技进步奖励;成交技术合同410项,成交额60亿元。全市新增高新技术企业73家,总数达到270家;新认定科技型中小企业455家,总数达到2835家。专利申请受理量为5725件,授权量3178件,其中发明698件。截至2019年末,新建市级工程技术研究中心(重点实验室)39家,省级产业技术研究院、技术中心(重点实验室)、院士工作站等科技创新平台5家,总数达到232家。

3. 文化旅游②

2019年,秦皇岛市共有公共图书馆8个,群众艺术馆、文化馆8个,文化站106个,完善提升村、社区文化广场(文化活动场所)120个,剧场、影剧院15个,艺术表演团体17个。县级以上广播电台5座,县级以上电视台5座,有线电视用户103万户,年末广播节目综合人口覆盖率99.5%,电视节目综合人口覆盖率99.6%。

2019年,全年接待国内外游客7 262.33万人次,比上年增长16.2%,其中,接待国内游客7 227.67万人次,增长16.2%。旅游总收入1 013.97亿元,增长22.9%(图1-3)。

图1-3　北戴河风景度假区

4. 体育事业③

秦皇岛曾协办过1990年北京亚运会和2008年北京奥运会。秦皇岛是唯一协办过亚运会和奥运会的地级城市,拥有国家体育总局秦皇岛训练基地、国家游泳跳水训练基地、秦皇岛奥林匹克体育中心等一批"国字号"体育设施,女拳世锦赛、秦皇岛国际马拉松赛、中式八球国际大师赛、北戴河国际轮滑节等品牌赛事绽放异彩,正全力打造体育名城。

2019年,秦皇岛市共有体育场馆6795个,体育系统举办运动会25次。运动员在省级以上各类比赛中,获金牌51枚,银牌55枚,铜牌63枚。

2019年11月15日,国家发展和改革委员会公布了一批全国社会足球场地设施建设重点推进城市,秦皇岛在列。

5. 医疗卫生④

截至2019年末,秦皇岛市共有医疗卫生机构3417个(含村卫生室),其中,医院68个,乡镇卫生院75个,社区卫生服务中心(站)118个,妇幼保健院(所、站)8个。年末全市医疗卫生机构实有床位19 074张,比

①~④数据来源于秦皇岛统计局官网发布的《2019年秦皇岛市国民经济和社会发展统计公报》。

上年减少 0.6%。卫生技术人员 22 344 人，增长 1.9%。其中，执业（助理）医师 9850 人，增长 1.1%；注册护士 9430 人，增长 1.6%。

三甲医院有秦皇岛市第一医院、秦皇岛市妇幼保健院、秦皇岛市中医医院、秦皇岛市第二医院、中国煤矿工人北戴河疗养院。

6. 社会保障①

截至 2019 年末，秦皇岛市城乡居民养老保险参保人数 127.17 万人，其中，城镇职工基本养老保险参保人数 95.39 万人。城乡居民基本医疗保险参保人数 204.07 万人，其中，城镇职工基本医疗保险参保人数 69.45 万人，医疗保险人均筹资标准提高至 740 元（政府补助 520 元，个人缴费 220 元）。全市筹资总额达 15.10 亿元。失业保险参保人数 39.82 万人，工伤保险参保人数 53.62 万人。

截至 2019 年末，秦皇岛市 5.31 万人享受城乡居民最低生活保障，其中，城镇居民最低生活保障人数 1.01 万人，农村居民最低生活保障人数 4.3 万人。全市共有提供住宿的各类社会服务机构 53 个，其中养老服务机构 50 个；提供住宿的各类社会服务机构床位 8563 张，其中养老服务机构床位 8308 张。年末共有社区综合服务设施 1615 个。

7. 环境保护②

秦皇岛市的绿化建设围绕“园林式、生态型、现代化滨海城市”的发展目标，整合旅游资源，打造长城文化游、海滨休闲度假游、自然生态游、商务会展旅游等特色旅游品牌，实施海岸线生态恢复景观、森林湿地公园、植物园等重点园林工程，塑造了秦皇岛现代滨海都市风格。

2019 年，完成营造林面积 41 670 公顷（1 公顷＝0.01 平方千米），其中，人工造林面积 20 018 公顷。年末实有封山育林面积达 7335 公顷，退化林修复面积 1621 公顷，森林抚育面积 11 290 公顷。完成林业重点工程三北防护林工程 9468 公顷，沿海防护林工程 9487 公顷。全市森林覆盖率达到 57%。

2019 年，监测有效天数 365 天，城市空气质量优良达标天数 274 天，达标率（城市空气质量优良天数比率）为 75.1%。$PM_{2.5}$ 平均浓度比上年上升 10.8%。饮用水水源地和近岸海域功能区水质达标率均达 100%，北戴河海水浴场水质一类标准比例达到 99.5%。全年规模以上工业企业综合能源消费量 1 217.50 万吨标准煤，比上年下降 2.6%；单位工业增加值能耗下降 9.48%。

8. 城市之最

北戴河奥林匹克大道公园于 2005 年 5 月对外开放，是国内首家奥林匹克主题公园。

秦皇岛奥林匹克体育中心是 2008 年北京奥运会第一个建成投入使用的场馆。

2013 年 11 月，秦皇岛市方志馆获批成为“国家方志馆秦皇岛分馆”，这是国家方志馆在全国设立的唯一分馆。

河北远洋运输集团是大陆民营航运企业，拥有和控制的船舶达 130 多艘、1500 多万载重吨，船队规模位居我国航运界第三位，在沿海省市地方级船队规模中排名第一，是我国最大的民营航运企业。

中国第一瓶干红葡萄酒于 1984 年诞生在昌黎，昌黎葡萄酒成为葡萄酒行业第一个国家原产地域保护产品。

秦皇岛玉米加工企业生产的罐头产品总量位居全国第一，占全国市场份额的 70%。

秦皇岛骊骅淀粉股份有限公司口服葡萄糖生产能力位居全国第一。

昌黎县河豚鱼总产量占全国的三分之一，是全国第一大河豚鱼养殖基地。

朗格斯酒庄被称为“中华第一绿色酒庄”。

---

①②数据来源于秦皇岛统计局官网发布的《2019 年秦皇岛市国民经济和社会发展统计公报》。

中粮华夏长城葡萄酒有限公司地下拱形酒窖是亚洲最大的地下花岗岩酒窖。

海港区板厂峪发现的明长城砖窑群，填补了中国长城研究史上的一项空白。

海港区板厂峪亿万年火山口的发现，填补了中国火山考古学上的一项空白。

秦皇岛抚宁区出土的石炮填补了中国兵器考古史上的一项空白。

1917 年，中国第一条旅游铁路专线——北戴河火车站至海滨铁路支线开通运营。

1918 年 7 月，北戴河成立全国第一个避暑地自治组织（北戴河海滨公益会），是全国第一个旅游避暑特别行政区（北戴河海滨自治区）。

1921 年，北平（北京）与北戴河海滨之间开辟了中国第一条空中旅游航线。

1936 年，中国第一个 19 孔高尔夫球场在北戴河建成。

1986 年落成的秦皇岛海上距离导航台，是我国第一座海上远距离导航台。

秦皇岛昌黎县的七里海是我国沿海最大的泻湖。

秦皇岛市南戴河国际娱乐中心滑草场是我国第一家滑草场。

长寿山是我国唯一一处以弘扬中医中药学文化为主题的园林景观。

秦皇岛市北戴河区集发农业观光园是全国首家集高科技生态农业和旅游观光于一体的 AAAA 级景区。历史文化名城山海关因拥有完整的军事防御体系，与云南丽江、山西平遥并称中国三大古城。

秦皇岛昌黎县黄金海岸壮观的海洋大漠风光世界罕见，被誉为中国最美的八大海岸线之一（图 1-4）。

图 1-4　昌黎县黄金海岸

秦皇岛市北戴河区是中国唯一的“世界四大观鸟胜地”之一。

20 世纪初，中国第一张旅游招贴画出自北戴河。

位于秦皇岛北戴河区海滨国家森林公园内的秦皇岛野生动物园，是我国占地面积最大、森林覆盖率最高的野生动物园。

1990 年北京亚运会唯一的外场地是秦皇岛海上帆船运动场。

秦皇岛北戴河区拥有各级首长领导的疗养院，大到中央首长、国务院疗养院，小到各县级避暑单位，各级首长、领导的名人效应已经成为秦皇岛最大的旅游名片。

9. 风景名胜

秦皇岛市旅游资源集山、河、湖、泉、瀑、洞、沙、海、关、城、港、寺、庙、园、别墅、候鸟与珍稀动植物等为一体，旅游资源类型丰富。秦皇岛市每年举办具有浓郁地方文化特色的山海关长城节、孟姜女庙会、望海大会、昌黎干红葡萄酒节等节庆活动。

旅游资源在分布上呈两条相对平行的带状分布，其中在滨海带上，有老龙头、天下第一关、孟姜女庙、秦皇求仙入海处、海上运动中心、新澳海底世界、野生动物园、鸽子窝公园、金山嘴、老虎石、北戴河名人别墅、联峰山、滑沙场以及众多的滨海浴场和各类主题公园等；在中北部山地-丘陵带上，有三道关—九门口—义院口—界岭口—桃林口—冷口—城子岭口长城和沿长城一线的各处文物古迹，以长寿山、角山、燕塞湖、祖山、背牛顶、天马山、碣石山、十里葡萄长廊、孤竹国文化遗址等为代表（图 1-5、图 1-6）。

图 1-5　山海关区老龙头景区

图 1-6　山海关区天下第一关景区

截至 2019 年末，秦皇岛市共有旅游景区（点）47 家，其中国家 AAAAA 级景区 1 家（3 处），AAAA 级景区 15 家。旅游星级饭店 58 家，其中五星级饭店 3 家，四星级饭店 13 家。

秦皇岛是一个有山、有海、有河、有湿地、有长城的多元生态旅游城市，优越的地理区位和良好的生态环境是这个城市得天独厚的旅游资源，秦皇岛将采取更大力度的措施维护生态环境，擦亮“生态旅游”这块“金字招牌”。

10. 地方特产

秦皇岛濒临渤海湾，特产以海产品为主：铁板蟹、干贝、海蝗鱼、梭鱼、墨斗鱼、带鱼、鱿鱼、海螺、毛蚶等贝壳类品种繁多，集渤海湾海味产品之精华。秦皇岛工艺品包括门帘、珍珠项链、珍珠挂件、贝堆、贝雕、人造琥珀、砖雕等各种饰品，都非常有秦皇岛特色。还有一种用平螺（海底发光的一种螺）加工制成的装饰品，是当地特产与手工制作艺术的结合。

秦皇岛还集中了许多地方风味的名优特产，如京东板栗、石门核桃、胜利苹果、葵花苹果、昌黎蜜梨、玫瑰香葡萄、南大寺水蜜桃、苦杏仁等干鲜果品。有一种当地产的小洋梨，个小无核，口感酥脆，甜而不腻，是本地野生果树中的独特品种。此外还有鼋鱼酒、秦雪啤酒、老髦肉、北戴河杨肠子火腿肠等地方名优产品。

联峰山公园东南门是北戴河小商品集散地，各式海味、果类、木制品、珍珠产品、家电、日常生活用品等琳琅满目，每到旅游季节，该地总是人山人海，热闹异常。

海鲜是秦皇岛美食的招牌，清蒸铁板蟹、煎烤大虾、辣炒花蛤、酱爆皮皮虾等久负盛名。除了海鲜，特色风味小吃也历来为人称道，四条包子、杨肠子、扇贝饼、老二位麻酱烧饼、回记绿豆糕、粉鸽子、抚宁老髦肉、赵家馆饺子、青龙水豆腐、青龙豆腐干、孟和尚粉肠、长城饽椤饼等“舌尖上的秦皇岛美食”也独具特色。

第二章　土地资源调查与开发利用简史

第一节　土地详查[①]

1988年5月至1996年12月，为了掌握全市土地资源利用情况和土地权属状况，科学制定国民经济计划、农业区划和土地利用规划，加强土地利用和管理，秦皇岛市根据国家统一部署和要求，在全市组织开展第一次全国土地调查(亦称土地详查)，内容包括县区土地详查、土地权属及境界调查、城镇地籍调查和土地详查市级汇总。

一、县区土地详查

1988年5月，按照国务院和河北省统一部署，依据《土地利用现状调查技术规程》和《河北省土地利用现状调查技术规程》，各县区土地详查工作相继展开，先后完成前期准备、外业试点、外业调绘、外业验收、内业汇总和内业验收等阶段工作，1989年10月结束外业调查，1991年7月完成内业汇总，1991年12月完成内业验收。其中，海港区于1988年8月开始，1991年10月结束；山海关区于1989年6月开始，1991年10月结束；北戴河区于1989年3月开始，1991年于12月结束；抚宁县于1988年3月开始，1991年7月结束；昌黎县于1989年3月开始，1991年7月结束；卢龙县于1989年2月开始，1991年6月结束；青龙满族自治县于1989年3月开始，1991年6月结束。在准备阶段，主要是组织准备和图件资料收集。各县区政府相继成立土地详查领导小组及其办公室，负责制订实施方案、组织调查队伍、筹集资金和处理土地权属纠纷等工作。按照"自身力量为主、社会测绘力量为辅"的原则组建专业调查队伍。其中昌黎县、抚宁县与河北省地质矿产勘查开发局廊坊区调大队，卢龙县和青龙满族自治县与河北省测绘局航测队，海港区、山海关区与核工业部第四勘察院，北戴河区与秦皇岛市测量队分别组成各自的专业调查队。其间，河北省测绘局提供详查所需航片2999张，1∶10 000地形图371张，1∶50 000地形图、1∶100 000地形图45张，正射影像图146幅，并收集了土壤普查、水文地质、地貌、农田水利、农业区划、地名、城建、计划、交通以及农业、林业、气象等有关资料。在培训试点阶段，主要是培训队伍和实查试点。各县区首先选择1个能代表本地情况、地类和地貌比较复杂、土地利用类型齐全的乡镇作为详查培训和实查试点。试点对调查队员进行识图用图、地类划分、外业调绘、面积量算、数据汇总、报告编写、检查验收等方面的培训。培训与试点调查相结合，保证调查队员熟练掌握调查规程、规则、技术标准和相关要求，为全面开展土地详查工作打好基础。在外业调绘阶段，主要是实施外业实际调绘。在总结试点乡经验的基础上，调查队员按计划和编组分头深入各乡开展土地详查外业调绘工作。全市县区外业调绘工作自1988年5月开始至1989年10月结束，历时1年5个月。经省级验收，各项指标的平均合

---

① 资料来源于《秦皇岛市国土资源局志》。

格率为95.6%。在内业汇总阶段，主要是对外业调绘取得的底图和资料、数据进行转绘及整理、统计。具体包括：对县区、乡镇、村三级土地面积分类统计与权属统计；编制县、乡镇土地利用现状图，乡土地权属界线图和图幅边界结合图表；撰写县区、乡镇土地利用现状调查报告。全市县区内业汇总自 1989 年 3 月开始至 1991 年 7 月结束。经省级验收，内业汇总平均合格率为 98.6%。通过县区土地详查，完成了地类调绘，查清了土地分布与权属情况，编制 1∶10 000 分幅土地利用现状图 371 幅，1∶10 000 乡级土地利用现状图 112 套(每乡一套，含 5 个林果场)，1∶10 000 乡级土地权属界线图或分幅权属图 112 套，县区土地利用现状图 7 套 8 幅，县区土地边界接合图表 7 幅，乡级接合图表 112 幅，县区土地分类、权属面积统计表 7 份；撰写县区土地利用现状调查工作技术报告 7 份；签署土地权属界线协议书 2039 份；解决土地权属争议 68 处。

二、土地权属及境界调查

土地权属及境界调查是土地详查的重要内容之一。其目的是查清村以上各级行政界线和土地所有权、使用权界线，更好地维护土地所有者和使用者的合法权益，为合理利用土地、有偿使用土地、搞好地籍管理打好基础。调查的范围包括村镇、场的土地；居民点以外的工矿、学校、医院、部队、机关团体等企事业单位使用的土地；铁路、公路和水利工程等占地。调查内容是查明每一宗地的位置、界线、使用及利用情况。权属调查的单元是每宗地(被界址线封闭，由一个单位或几个单位共同使用的地块)。调查的方法是权属调查与行政边界调查同步进行，以乡为单位逐村调查，各行政村相邻双方与调查队员共同到场实地踏查确认土地边界，按双方确认的界线调绘上图，并由双方行政村在权属界线协议书上加盖公章。对有争议的行政界由双方县区土地管理部门、民政部门协商解决，协商不成的，按争议界处理。调查期间，由土地管理部门牵头，各乡(镇)主管副乡(镇)长等人员组成处理土地境界权属争议问题的小组，负责协调处理调查中出现的土地权属争议问题。通过土地权属境界调查，全市共发现县与县之间存在争议的边界 9 处，存在争议的土地面积约 429.746 7 公顷，其中最大的一处面积达 247.8 公顷，最小的一处面积约 3.466 7 公顷。对存在争议的边界，通过有关各方协商调处，均得到了妥善解决。通过境界及土地权属调查，查清了全市 2309 个行政村以上的行政边界及土地权属界线，查清并及时处理了境界、权属争议问题，编制了《1∶10 000 乡级土地权属界线图》、《乡、镇、村土地权属界线协议书》、《争议地原由书》(3 套)、独立工矿野外勘丈表(3 套)。

三、城镇地籍调查

秦皇岛市城镇土地初始地籍调查(简称城镇地籍调查)工作于 1990 年初启动，1996 年末结束。调查工作由市土地规划管理局统一部署和指导，市区地籍测量、绘制地籍图由秦皇岛市测绘队承担，其余各项工作由各县、区土地规划管理局组织实施。此次城镇地籍调查按照准备工作、权属调查、地籍测量、绘制地籍图、面积量算、统计汇总、检查验收的程序进行。调查根据《城镇地籍调查规程》规定，按照土地用途的差异，分为 10 个一级类，24 个二级类，统一以宗地为调查单元，采用解析法和半解析法进行，确保精度要求。通过调查，全面掌握了全市土地利用现状及相关数据，为土地管理工作提供了基础数据。

四、土地详查市级汇总

秦皇岛市土地详查市级汇总于 1992 年 12 月开始，至 1993 年 10 月全部结束。其间，编绘图件5 种、

387 幅，其中 1∶10 000 土地利用现状标准分幅图 371 幅、1∶100 000 标准分幅土地利用现状图 11 幅、1∶120 000秦皇岛市土地利用现状挂图 2 幅、图幅控制面积结合图 1 幅、土地详查使用资料结合图和秦皇岛市行政境界图各 1 幅；完成汇总数字表格 42 种、数据 2.5 万个；编撰《秦皇岛市土地资源》(未出版)和《秦皇岛市土地利用现状调查报告》以及汇总技术设计、文件规定等。土地详查市级汇总结果显示，秦皇岛市行政境界南临渤海湾，东、北、西与 4 个市、9 个县接壤。全市陆域境界长435.84千米，沿海岸线长 133.2 千米。辖区内土地总面积 781 246.666 7 公顷，比 1989 年统计面积780 246.666 7公顷增加1000 公顷。国有土地面积 58 766.666 7 公顷，占总土地面积的 7.5%；集体土地面积 716 733.333 3 公顷，占土地总面积的 91.8%。国有土地中，农业部门占550.586 7公顷，林业部门占32 886.666 7公顷，水利部门占13 166.666 7公顷，交通部门占 3 206.666 7 公顷，工矿部门占 1 413.333 3 公顷，其他部门占 7 546.666 7 公顷。土地利用类型有耕地、园地、林地、牧草地、居民点及工矿用地、交通用地、水域、未利用土地 8 个一级地类，32 个二级地类。辖区内土地总面积中，耕地面积 218 126.666 7 公顷；园地面积 60 326.666 7 公顷；林地面积 203 680 公顷；牧草地面积 5.113 3 公顷；居民点及工矿用地面积 46 786.666 6 公顷；交通用地面积 10 540 公顷；水域面积 4 646.666 7 公顷；未利用土地面积 195 673.333 3 公顷。土地权属单位为全市调查权属单位 3099 个，其中村集体土地权属单位 2309 个，国有土地权属单位 377 个，独立工矿 756 个。全市有外地(市)飞入地共 24.726 7 公顷，全市与相邻市县存在争议地界 52 处，总面积 5 746.666 7 公顷。土地资源详查成果在城市总体规划调整、荒废土地开发利用、基本农田保护区建立管理和土地利用总体规划工作中都得到了有效应用，取得了良好的经济、社会和环境综合效益。

第二节　第二次全国土地调查[①]

2007—2010 年，为全面落实《国务院关于开展第二次全国土地调查的通知》和《河北省人民政府关于开展第二次土地调查工作的通知》精神，秦皇岛市在土地利用更新调查成果的基础上，组织开展了第二次全国土地调查(简称二调)。

一、主要任务

二调主要任务包括：开展农村土地调查，查清全国农村各类土地的利用状况；开展城镇土地调查，掌握城市建成区、县城所在地建制镇的城镇土地状况；开展基本农田状况调查，查清全国基本农田状况；建设土地调查数据库，实现调查信息的互联共享。在调查的基础上，建立土地资源变化信息的调查统计、及时监测与快速更新机制。

农村土地调查是指对城市、建制镇以外的土地进行调查。农村土地调查是二调的重点任务。按照调查内容，农村土地调查分农村土地利用状况调查和农村土地权属调查两部分。农村土地利用现状调查以 1∶10 000 比例尺为主，以县区为基本单位，按照统一的土地调查技术标准，以正射影像图为基础，实地调查城镇以外的每块土地的地类、位置、范围、面积、分布等利用状况，查清全国耕地、园地、林地、草地、农村居民点等各类土地的分布和利用现状。农村土地权属调查主要是查清农村集体土地所有权和公路、铁路、河流以及农、林、牧、渔场(含部队、劳改农场及使用的土地)等国有土地的使用权状况。

① 资料来源于《秦皇岛市国土资源局志》。

城镇土地调查是指对城镇范围以内的土地开展大比例尺调查。依据地籍调查技术规程，充分利用已有地籍调查成果，查清城镇内部建设用地的使用权状况，确定城镇内部每宗土地的界址、范围、界线、数量、用途等。

基本农田调查。由各地组织，依据本地区的土地利用总体规划，按照基本农田保护区（块）划定资料，将基本农田保护区（块）落实至土地利用现状图上，统计汇总出各级行政区域内基本农田的分布、面积、地类等状况，并登记上证，造册。

数据库建设。建立“国家—省—市—县”四级土地利用数据库；建立市县地籍信息系统。

成果汇总。通过开展第二次全国土地调查工作，全面获取覆盖全国的土地利用现状信息和集体土地所有权登记信息，形成一系列不同尺度的土地调查成果。集体成果主要包括数据成果、图件成果、相关文字成果和数据库成果等。

二、技术路线

围绕二调总体目标和主要任务，农村土地调查按照土地调查技术规程，充分利用现有土地调查成果，采用无争议的权属资料，运用航天航空遥感影像、地理信息系统、全球卫星定位和数据库及网络通信等技术，采用内外业相结合的调查方法，形成集信息获取、处理、储存、传输、分析和应用服务为一体的土地调查技术流程，获取全国每一块土地的类型、面积、权属和分布信息，建立连通的“国家—省—市—县”四级土地调查数据库。城镇土地调查，严格按照全国城镇土地调查的有关标准，开展地籍权属调查和地籍测绘工作，现场确定权属界线，实地测量界址和坐标，计算机自动量算土地面积，并以调查信息为基础，建立城镇地籍信息系统。

三、调查队伍建设

自2003年土地利用现状更新调查工作开始，秦皇岛市国土资源局就把地籍管理队伍建设纳入重要议事日程。为了稳定地籍管理队伍，要求参加地籍调查的人员除提职或因工作需要必须调转外一般不作岗位调整，52名从事地籍管理工作的人员中，有23人具有5年以上地籍调查经验。按照国家和河北省第二次土地调查领导小组办公室的要求，在组织人员参加河北省举办的专业培训的基础上，秦皇岛市国土资源局聘请河北省第二次土地调查领导小组办公室和武汉中地公司MapGIS软件专家授课，对参加全市第二次土地调查的成员进行了3次较大规模的专业培训。自2003年开展土地利用现状更新调查工作以后，秦皇岛市国土资源局有计划地从四县、三区地籍管理队伍中选拔和培养部分调查工作骨干。

四、创新工作机制

针对第二次全国土地调查工作时间紧、任务重、标准高、要求严的特点，按照河北省第二次土地调查领导小组办公室《县际土地权属调查与接边成果规范》的要求，秦皇岛市积极探索调查工作“五统一”的工作机制：统一组织开展全市土地利用现状更新调查成果的市际、县际和县域土地权属调查与接边汇总工作，先后完成秦皇岛市与承德市11个行政村、与唐山市260个行政村、秦皇岛市域内县与县之间的权属调查和接边工作，并对县域内农村土地调查权属界线做进一步核实补充调查；按河北省第二次土地调查领导小组办公室《关于公布全省第二次土地调查第一批推荐承担单位名单的通知》公布的名单，统一以招标形式引进甲级作业单位，邀请在全省信誉度和知名度较高的河北省第一测绘院、河北省第二测绘院、河北省规划院等十几家具有甲级资质的测绘队伍到秦皇岛市参加竞标，通过竞标聘用5家专业调查队伍承担全市各县、区、开发区的第二次土地调查工作；统一土地调查坐标系，采用了“1980西安坐标系”，标志着秦皇岛市农村土地利用和城镇地籍一体化格局初步形成；统一采用武汉中地公司MapGIS软件，从2003年土地更新调查开始，年度土地利用现状变更调查在全省率先引进武汉中地公司MapGIS软件系统，进行数据变更，在本次调查中延用该软件系统，建立农村和城镇地籍调查系统，省略了数据格式转换过程，也节省了大量的人力、物力和财力，取得了事半功倍的效果；统一集中开展市级成果质量检查和市级汇总、审核工作，秦皇岛市第二次全国土地调查领导小组办公室与秦皇岛市国土资源信息中心联合对全市各县区的第二次全国土地调查数据进行四轮集中质量检查，对发现的问题及时修改调整后组织市级成果汇总。

五、农村土地调查工作

按照秦皇岛市第二次全国土地调查实施方案的总体要求，各县、区、开发区积极组织调查项目承担单位开展调查工作。各调查单位对农村土地调查的内业判读、野外核实工作、内业建库及数据汇总等工作陆续推进，同时按照国家及河北省第二次土地调查领导小组办公室关于可调整地类的要求，在农村土地调查数据库中新增可调整地类，同时将第二次土地调查成果上报国务院第二次全国土地调查领导小组办公室检查验收。为了保证调查成果的质量，国土资源部和河北省国土资源厅外业核查组对秦皇岛市各县、区上报的农村土地调查成果进行了多次核查，各县、区、开发区按照国家和省核查组提出的修改意见结合“一张图”工程2009年12月份下发的最新影像对第二次土地调查成果进行了完善。2010年1月4日至8日，按照国务院第二次全国土地调查领导小组办公室《关于开展第二次全国土地调查标准时点统一更新工作的通知》(国土调查办发〔2009〕30号)文件要求，组织各县、区地籍科(股)长和技术骨干完成了全市第二次全国土地调查汇总，形成市级汇总成果。2010年1月9日，组织市级汇总全体人员参加省级汇总，并按照河北省第二次土地调查领导小组办公室提出的审核修改意见对有关数据及时进行修改。2010年1月15日，秦皇岛市第二次全国土地调查成果一次性通过省级预检，并最终通过省级验收。

六、城镇土地调查工作

根据《国务院第二次全国土地调查技术规程》及《河北省第二次土地调查技术细则》的要求，秦皇岛市制定了《秦皇岛市第二次土地调查(城镇部分)总体设计书》，在设计书中明确了第二次全国土地调查工作的技术路线，充分利用了已有的更新调查成果和土地登记资料，以保证地籍调查资料的连续性及现势性。为了全面推进城镇土地调查工作，秦皇岛市首先以典型引路，确定昌黎县黄金海岸作为全市城镇地籍调查试点。随着试点地区的顺利进行，各县、区随之陆续开展城镇土地调查工作。为了及时发现、纠正调查工作中存在的问题，保质、保量完成第二次土地调查工作，秦皇岛市多次展开内外业检查，针对检查中发现的突出问题提出了明确的修改意见。根据秦皇岛市第二次全国土地调查领导小组办公室提出的城镇地籍调查成果修改意见，各县、区、开发区完善了城镇地籍调查成果，通过几轮的修改和完善，全市城镇地籍调查成果全部通过验收工作。

七、基本农田上图工作

为加快做好第二次土地调查基本农田上图工作，2009 年 5 月 21 日秦皇岛市地籍科与规划科、耕地保护科召开由各县、区局分管地籍、规划及基本农田保护工作的副局长及科(股)长参加的第二次土地调查基本农田上图工作会，听取了各县、区关于基本农田上图工作的进展情况、存在问题及有关建议的汇报，同时研究部署了全市基本农田上图工作的阶段性任务。按照会议安排，各县、区在收集了本辖区内的基本农田资料包括基本农田保护区图、基本农田保护区责任状、基本农田保护区登记卡和登记表、基本农田补划等资料的基础上，对上述相关图件进行了扫描和矢量化工作，并于 2009 年 9 月将基本农田上图成果全部完成并上报河北省第二次土地调查领导小组办公室。2009 年 12 月，按照国务院第二次全国土地调查领导小组办公室《关于报送第二次全国土地调查基本农田上图成果有关要求的通知》和河北省国土资源厅《关于抓紧报送基本农田调查上图成果的紧急通知》的要求，对全市已上报的基本农田上图成果进行修改，将基本农田上图成果中含有的建设用地、未利用土地等改变了基本农田用途的地类图斑进行了剔除，同时对海港、山海关、北戴河三区的基本农田在昌黎、卢龙、抚宁进行了补划，全市基本农田总面积满足了国家和河北省规定的大于依法批准的原土地利用总体规划确定的基本农田保护指标的要求。2009 年 12 月 29 日秦皇岛市第二次全国土地调查基本农田上图成果通过了河北省第二次土地调查领导小组办公室专家的预检，并报送国务院第二次全国土地调查领导小组办公室通过验收。

第三节　第三次全国国土调查

为全面落实《国务院关于开展第三次全国土地调查的通知》(国发〔2017〕48 号)和《河北省人民政府关于开展第三次全国土地调查的通知》(冀政字〔2017〕55 号)的精神，按照国务院和河北省人民政府的安排部署，秦皇岛市全面启动第三次全国土地调查工作。2018 年 1 月成立了秦皇岛市第三次全国土地调查领导小组，随后组建了秦皇岛市第三次全国土地调查领导小组办公室。2018 年 8 月国务院发布《国务院办公厅关于调整成立国务院第三次全国国土调查领导小组的通知》(国办函〔2018〕53 号)，将第三次全国土地调查调整为第三次全国国土调查。2018 年 9 月 28 日秦皇岛市政府印发了《关于调整成立秦皇岛市第三次全国国土调查领导小组的通知》，经市政府研究决定，将秦皇岛市第三次全国土地调查调整为秦皇岛市第三次全国国土调查，对领导小组组成单位和人员进行了相应调整，组织开展第三次全国国土调查(简称三调)。

一、主要目标

第三次全国国土调查是在第二次全国土地调查成果的基础上，全面细化和完善全国土地利用基础数据，掌握翔实准确的全国国土利用现状和自然资源变化情况，进一步完善国土调查、监测和统计制度，实现成果信息化管理与共享，满足生态文明建设、空间规划编制、供给侧结构性改革、宏观调控、自然资源管理体制改革和统一确权登记、国土空间用途管制、国土空间生态修复、空间治理能力现代化和国土空间规划体系建设等各项工作的需要。

三调按照《土地利用现状分类》(GB/T 21010—2017)和《第三次全国国土调查工作分类》(以下简称《工作分类》,见《第三次全国国土调查技术规程》),实地认定地类,确保地类不重不漏全覆盖,在自然资源调查中发挥基础性作用。在对存在复合管理需求交叉的耕地、种植园、林地、草地、养殖水面等地类进行利用现状、质量状况和管理属性的多重标注的基础上,同步推进相关自然资源专业调查。

二、主要任务

按照国家统一标准,在全国范围内利用遥感、测绘、地理信息、互联网等技术,统筹利用现有资料,以正射影像图为基础,实地调查土地的地类、面积和权属,全面掌握全国耕地、种植园、林地、草地、湿地、商业服务业、工矿、住宅、公共管理与公共服务、交通运输、水域及水利设施用地等地类分布及利用状况;细化耕地调查,全面掌握耕地数量、质量、分布和构成;开展低效闲置土地调查,全面摸清城镇及开发区范围内的土地利用状况;同步推进相关自然资源专业调查,整合相关自然资源专业信息;建立互联共享的覆盖国家、省、地、县四级的集影像、地类、范围、面积、权属和相关自然资源信息为一体的国土调查数据库,完善各级互联共享的网络化管理系统;健全国土及森林、草原、水、湿地等自然资源变化信息的调查、统计和全天候、全覆盖遥感监测与快速更新机制。三调的具体任务包括土地利用现状调查、土地权属调查、专项用地调查与评价、同步推进相关自然资源专业调查、国土调查数据库建设和成果汇总。

三、时间安排

第三次全国国土调查以2019年12月31日为统一时点,整个土地调查分为4个阶段:①准备阶段。2018年6月前,组建秦皇岛市第三次全国国土调查领导小组及办公室,编制调查方案和技术规范,落实调查经费,遴选调查队伍,完成资料收集,组织人员培训,开展调查宣传,启动实地调查等。②调查阶段。2018年7月—2019年6月,组织开展秦皇岛市土地调查和数据库建设等工作。③汇总阶段。2019年下半年,完成调查成果整理、数据更新、成果汇交,汇总形成秦皇岛市第三次全国国土调查基本数据。④收尾阶段。2020年,对秦皇岛市国土调查数据进行汇总、分析,形成调查数据库及管理系统,做好调查工作检查验收。

四、技术路线

第三次全国国土调查采用高分辨率的航天航空遥感影像,充分利用现有土地调查、地籍调查、集体土地所有权登记、宅基地和集体建设用地使用权确权登记、地理国情普查、农村土地承包经营权确权登记颁证等工作的基础资料及调查成果,采取国家整体控制和地方细化调查相结合的方法,利用影像内业比对提取和3S一体化外业调查等技术,准确查清全国城乡每一块土地的利用类型、面积、权属和分布情况,采用"互联网+"技术核实调查数据真实性,充分运用大数据、云计算和互联网等新技术,建立土地调查数据库。经县、地、省、国家4级逐级完成质量检查合格后,统一建立国家级国土调查数据库及各类专项数据库。在此基础上,开展调查成果汇总与分析、标准时点统一变更以及调查成果事后质量抽查、评估等工作。

五、主要工作内容

根据秦皇岛市第三地全国国土调查实施方案的要求：

(1)全市开展前期准备和相关资料收集工作。

(2)组织宣传和培训工作。秦皇岛市自然资源和规划局利用各种媒介、采取多种方式进行了宣传动员，例如：开设第三次全国国土调查专栏，撰写了《秦皇岛市即将全面开展第三次全国土地调查》的新闻通稿，印发工作通报，召开全市工作调度会等。

(3)遴选调查队伍。通过公开招标确定市级汇总和全市监理的作业队伍，各县、区通过招投标确定作业队伍。

(4)获取遥感影像资料和生产正射影像图。

(5)调查信息提取和调查底图制作。全市所有县、区内业信息提取成果共下发图斑 63 895 个，面积 896 655.4 亩(1 亩＝666.67 平方米)；于 2019 年 2 月全市(除青龙满族自治县外)基本完成了资料收集、样本采集和底图制作。

(6)开展农村土地利用现状和城镇村庄内部土地利用现状调查、权属界线上图和补充调查、海岛调查、建立国土调查数据库及共享服务云平台。自河北省自然资源厅转发《关于在第三次全国土地调查中先行开展城镇内部土地利用现状调查工作的通知》以来，各县、区按照全面完成城镇内部土地利用现状调查的目标，积极推进相关工作，全市所有县、区于 2019 年 1 月基本完成城镇村庄内部土地利用现状调查工作，外业调查工作同步积极推进。在严格督导检查、严控成果质量的推进中，秦皇岛市各县、区成果均通过了省级核查、省级质检，于 2019 年 9 月 12 日上报国家。根据国家级核查意见，所有县、区三调初步调查成果全部合格，平均差错率为 0.29%，远低于国家 3%差错率的标准。

(7)开展统一时点变更、调查成果汇总及各类统计汇总分析、调查成果核查。国家共计下发全市监测图斑 18 311 个，各县、区自主提取不一致图斑 72 373 个，需外业核实举证图斑共计 90 684 个。受到新型冠状病毒肺炎疫情的影响，全市各县、区复工后，在确保安全的前提下，全体外业人员风雨无阻，经过近 3 个月的努力，所有县、区外业核实举证工作最终于 7 月初全部完成。为加快统一时点成果上报进度，各县、区自然资源和规划局各作业单位自 7 月 15 日起在石家庄市开展集中办公，全面整改省级核查中发现的问题，并安排专人常驻石家庄市现场督导。经过近 1 个半月的集中整改，各县、区成果于 8 月 31 日前全部上报国家。成果上报国家后，各县、区自 10 月 2 日起陆续收到国家级核查意见，按照国家 5 天内完成整改上报的要求，各县、区认真梳理反馈问题、逐个图斑核实整改，个别疑问图斑及数据库质检错误现场对接整改，在规定时间内完成上报，最终通过国家级内业核查和数据库检查。

(8)开展调查成果质量检查及验收、调查工作总结和成果上报。第三次国土调查成果主要包括外业调查成果、图件成果、数据成果、数据库成果、文字成果、其他成果 6 项内容。

①市县级外业调查成果：调查底图及相关调查记录表；土地权属调查有关成果；实地举证材料；其他外业调查成果。

②市县级图件成果：市县级土地利用图；县级城镇土地利用图；县级图幅理论面积与控制面积结合图表；市县级耕地坡度分级图；市县级工程恢复和即可恢复地块分布图；市县级耕地种植类型专题图；市县级耕地细化调查专题图；市县级城镇村工矿用地专题图；市县级海岛调查专题图。

③市县级数据成果：土地利用现状一级分类面积汇总表；土地利用现状分类面积汇总表；土地利用现状一级分类面积按权属性质汇总表；城镇村及工矿用地面积汇总表；耕地坡度分级面积汇总表；耕地种植类型面积统计表；即可恢复与工程恢复种植属性汇总统计表；林区范围内种植园用地汇总统计表；灌丛草地汇总情况统计表；工业用地按类型汇总统计表；可调整地类面积汇总表；部分细化地类面积汇总表；废弃与垃圾填埋细化标注汇总统计表；耕地细化调查情况统计表；飞入地土地利用现状一级分类

面积汇总表；飞入地土地利用现状分类面积汇总表；飞入地土地利用现状一级分类面积按权属性质汇总表；飞入地城镇村及工矿用地面积汇总表；海岛土地利用现状一级分类面积汇总表；海岛土地利用现状分类面积汇总表；第三次全国国土调查有关情况统计表。

④市县级数据库成果：初始阶段、统一时点更新阶段和国家下发的数据库成果全套数据。

⑤市县级文字成果：市县级第三次国土调查工作报告；市县级第三次国土调查技术报告；县级第三次国土调查数据库建设报告；市县级第三次国土调查成果分析报告；县级城镇村范围内土地利用分析报告；县级第三次国土调查数据库质量检查报告；市县级耕地细化调查等专题成果报告；市县级海岛调查成果报告；市级监理报告。

⑥市县级其他成果：收集整理工作过程中形成的其他资料，包括影像、相关通知、文件、招投标资料、资金拨付情况，以及相关宣传材料等。

第四节　历年变更调查①

1996 年开始，秦皇岛市根据地质矿产部统一部署和要求，每年开展一次土地利用现状变更调查，简称年度土地变更调查。其目的是为了动态掌握全市土地利用变更情况，保持土地利用现状调查成果的现势性，为编制全市经济社会发展计划和全市国土资源的规划、管理、保护和利用工作提供依据。调查按照土地利用现状调查的有关技术规程，以土地利用现状图为底图，参照航空、航天相片等资料，对变化地块的地类、界线进行实地调查、测量，将变化地块绘制在土地利用现状图上，定期对全市各类土地的流转变化进行统计汇总。

2010 年开始，秦皇岛市开展了新机制下年度土地变更调查。按照国土资源部《关于开展 2010 年度全国土地变更调查与遥感监测工作的通知》的要求，秦皇岛市采用变更调查新机制、新方法，每年在全市范围内开展土地利用现状变更调查与遥感监测工作，更新土地调查数据库。新机制下的年度土地变更调查，在管理机制上，实现了从国家被动接收地方上报统计数据到国家主动监测、核查和分析调查数据的重大转变；在监管方式上实现了从“以数管地”到“以图管地”的重大转变，以适应国土资源管理工作新形势和新要求，扩大调查成果应用的深度和广度。

一、2010 年度土地利用变更调查

2010 年度土地变更调查利用河北省国土资源厅下发的卫星遥感影像和第二次土地调查信息系统提取的 2010 年度新增建设用地监测图斑，开展了年度土地变更调查和遥感监测工作。按照调查工作安排，2010 年 12 月 25 日，各县变更调查成果全部上报送到秦皇岛市国土资源局，12 月底完成市级数据汇总和数据库变更，2011 年 1 月 5 日向河北省国土资源厅报送全市变更调查数据成果。依据年度变更调查结果和数据库更新的技术规定，此次调查依次经历了调查准备、实地调查、更新数据库、数据汇总和统计分析等阶段。在调查准备阶段，主要开展了组织准备、资料准备和仪器准备工作。在实地调查阶段，以本年度实地变化现状为依据，实地查清年度土地利用地类变化和土地权属变化情况，将变更图斑标绘在土地变更调查底图上，按要求填报土地变更调查记录表，保证图、数、实地三者的一致性。在更新数据库阶段，主要利用县级土地调查数据库建库软件，将“土地变更调查记录表”以及外业调查结果录入计算机，更新土地调查数据库。在数据汇总阶段，主要以 2009 年末的数据为基准，通过变更数据库，导出年

① 资料来源于《秦皇岛市国土资源局志》。

度土地利用变化情况汇总成果。在统计分析阶段，主要结合年度土地管理形势、政策及制度，开展年度土地利用变化数据分析，编写土地利用变化情况分析报告。

二、2011 年度土地利用变更调查

2011 年度土地变更调查是根据国土资源部《关于开展 2011 年度全国土地变更调查与遥感监测工作的通知》和河北省国土资源厅转发国土资源部《关于开展 2011 年度全国土地变更调查与遥感监测工作的通知》等文件的要求开展的。2011 年度的土地变更调查，是通过“三上三下”的方式来完成的。第一次全市分 3 批领取国家下发遥感监测图斑 10 161 个，监测面积为 5 133.8 公顷，覆盖率为 100%。经过外业调查、内业建库、成果核查等阶段性工作，按时提交了 2011 年度土地变更调查数据成果。第二次全市于 2012 年 3 月份收到 2143 个疑问图斑，在上一轮工作的基础上，结合监察部门的核查结果，对数据库进行了补充上报，并通过国家级验收。第三次，国土资源部再次下发疑问图斑 260 个，按照国土资源部和河北省国土资源厅的要求，将疑问图斑下发到各县、区复核，并由各县、区主管领导签字确认，最终将成果上报国家核查单位，通过审核。2011 年遥感监测影像为国家统一采购的分辨率在 0.5 米以上的“快鸟”影像，最小监测图斑面积为 0.04 公顷。由于监测精度的大幅提高，2011 年度遥感监测图斑数量比 2010 年度有较大增加。

三、2012 年度土地利用变更调查

2012 年度土地变更调查与遥感监测是采用新机制、新方法进行土地利用现状调查的第三年。2012 年国家下发监测图斑 5611 个，监测面积为 2 560.04 公顷。接到 2012 年度变更遥感影像后，秦皇岛市国土资源局立即研究制订工作方案，组织各县、区迅速开展外业调查、图斑上图、内业建库、数据汇总、成果核查等工作。通过“三上三下”的核查方式，各县、区全部按时上报 2012 年度土地变更调查数据成果，并通过审核。

四、2013 年度土地利用变更调查

2013 年度土地变更调查工作于 2013 年 12 月下发变更调查成果数据开始，全市共下发监测图斑 3416 个，监测面积 1 185.4 公顷。接到遥感监测成果数据及国家实施方案后，立即组织相关县、区业务骨干共同研究分析新变化。2013 年度土地变更调查有三大显著变化：一是对路基宽度大于 6.5 米或路面宽度大于 6 米的新增道路一律按公路进行变更；二是对临时用地、设施农用地等图斑，必须提供完整的审批材料，并经相应审批部门核准；三是对临时用地图斑直接纳入用地管理信息平台逐年跟踪监测。针对这些新要求，秦皇岛市国土资源局研究制订了秦皇岛市 2013 年度土地变更调查工作方案，对 2013 年度变更调查工作进行安排部署。随着外业调查、内业上图、市级汇总等一系列阶段性任务的完成，2013 年度土地变更调查成果全部实现按时上报。按照省级核查要求，经过 5 次修改完善数据库，最终顺利通过省级内业检查和国家级外业核查。

五、2014年度土地利用变更调查

2014年12月，国家将2014年度土地变更调查与遥感监测成果数据下发。全市共下发监测图斑6842个，监测面积2 767.06公顷，图斑个数及面积相较于2013年增加了1倍，同时国家明确要求将于2015年7月1日全面启用2014年土地变更调查成果，工作形势十分严峻。为按时保质完成任务，秦皇岛市国土资源局地籍管理科对国家下发的遥感监测成果进行了深入分析，并组织召开了动员会，对2014年度土地变更调查工作积极谋划、统筹全局。各县、区各作业单位紧锣密鼓地开展外业调查、内业建库、质量检查、数据汇总等工作。经过各方努力，2014年度土地变更调查成果全部按时完成上报。在变更调查核查阶段，共按要求4次修改完善数据库，最大限度地保证了变更调查数据库的成果质量，最终通过国家审核。

六、2015年度土地利用变更调查

2015年11月，国家将2015年度土地变更调查与遥感监测成果数据下发。全市共下发监测图斑3935个，监测面积1 358.72公顷。为加快推进工作，秦皇岛市国土资源局地籍管理科组织召开动员会，并组织技术骨干多次对县、区工作进行督导。经过努力，2015年度土地变更调查成果全部按时完成上报。按照核查要求，经过5次修改完善数据库，最终通过河北省国土资源厅内、外业检查，相关成果得到国家确认。

七、2016年度土地利用变更调查

2016年11月，国家将2016年度土地变更调查与遥感监测成果数据下发。秦皇岛市共下发监测图斑2928个，监测面积1 345.19公顷。但是，2016年的遥感监测数据不仅指国土资源部下发的2016年度遥感监测成果，还包括国家土地督察北京局《国家土地督察例行督察意见书》(京〔2013〕3号)提出的图斑以及河北省叠加提取的2014年土地变更调查遥感监测图斑变更为设施农用地或按临时用地(图斑数4184个，面积913.9公顷)上报的成果。从2016年开始，河北省将全面启用在线核查系统，对县级外业核查软件实地采集的外业照片进行在线核查。面对工作的新变化、新要求，秦皇岛市国土资源局地籍管理科调整新的工作方案，对2016年度土地变更调查工作进行全面部署。随着外业调查、内业入库、成果汇交等一系列阶段性任务的完成，全市2016年度土地变更调查成果全部按时完成上报。按照核查要求，经过4次修改完善数据库，最终通过河北省国土资源厅内、外业检查和国家审查。

八、2017年度土地利用变更调查

2017年，秦皇岛市共下发遥感监测图斑3264个，监测面积2 209.99公顷。河北省首次提出将土地变更调查分为图斑定性、数据库定量两个阶段，先定性再定量。在图斑定性阶段，县级需要对遥感监测图斑拟变更地类进行定性，并在领取下发遥感监测图斑10日内向河北省国土资源厅预报矢量图层，同时在预报阶段还要上报设施农用地、临时用地、拆除图斑等相关证明材料；在数据库定量阶段，按照图斑定性阶段确定的地类进行变更，不得修改定性阶段确定的结果。同时，国家要求对所有遥感监测图斑，全部要实地拍照举证，各县实地举证照片通过“互联网＋”系统直接上传至国家，作为国家内外业核查、国家土地督察北京局督察的重要依据。这些新要求增加了成果上报的难度，也对调查成果质量提出了更高的标准。经过对新要求的认真分析和精准把握，秦皇岛市国土资源局组织各县区按时完成成果上报并通过河北省国土资源厅内、外业检查，最终通过国家审查。秦皇岛市国土资源局组织开展完成了2017年度土地变更调查市级汇总和2017年度城镇地籍调查数据更新汇总两项工作，建设了基于MapGIS平台的满足涉地审批工作需要的市级2017年度土地利用现状汇总数据库，编写了秦皇岛市2017年度土地利用变化情况分析报告和2017年度城镇村土地利用数据分析报告，为政府宏观决策、国土资源管理提供了坚实的数据基础。

九、2018年度土地利用变更调查

2018年，秦皇岛市共下发遥感监测图斑3919个，监测面积2 060.17公顷。2018年土地变更调查工作采用国家下发的2017年度“2000国家大地坐标系”数据库进行变更，工作总体上与2017年保持相对稳定，数据采集、调查内容、组织方式、承担单位均延续2017年的做法、模式、程序。各县区对照河北省自然资源厅职责划分，明确相应科(股)室职责，各司其职，通力配合，按时上交变更调查成果。针对省级核查，秦皇岛市国土资源局组织各县区完成了583个疑问图斑的省级对接，通过或部分通过453个，通过率77.7%，有效减轻了后期卫片执法检查县区的压力。经过努力，2018年度土地变更调查成果按时完成上报并顺利通过国家核查。

第三章 土地利用分类

第一节 土地利用分类系统

一、概述

土地利用是人类根据自身需要和土地的特性，对土地资源进行的多种形式的利用。土地利用现状是土地资源的自然属性和经济特性的深刻反映。土地利用划分具有如下特点：

(1)在自然、经济和技术条件的综合影响下，经过人类的劳动所形成的产物。

(2)在一定的空间分布上服从社会经济条件，因此，它们在地域分布上不一定连成片。

(3)种类、数量、分布随着社会经济技术条件的进步而变化。

土地利用现状分类是土地综合分类的主要形式。一般按土地的覆盖特征、利用方式、用途、经营特点、利用效果等为具体标志进行分类。土地利用现状分类在土地资源管理中应用最广，是全覆盖的基础分类。掌握土地利用现状是国家制定国民经济计划和有关政策，发挥土地资源在经济社会发展中的宏观调控作用，加强土地管理，合理利用土地资源，切实保护耕地的重要依据。

二、土地利用现状分类及其含义

为了实施全国土地和城乡地政统一管理，科学划分土地利用类型，明确土地利用各类型含义，统一土地调查，统计分类标准，合理规划、利用土地。维护土地利用分类的科学性、实用性、开放性和继承性，满足制订国民经济和社会发展计划，宏观调控，生态文明建设以及国土资源管理的需要。土地利用现状分类主要依据土地的利用方式、用途、经营特点和覆盖特征等因素，按照主要用途对土地利用类型进行归纳、划分，保证不重不漏，不设复合用途，反映土地利用的基本现状，但不以此划分部门管理范围。

《土地利用现状分类》(GB/T 21010 2017)采用一级、二级两个层次的分类体系，共分 12 个一级类，73 个二级类。各地类的含义、划分标准概述如下。

1. 耕地(地类编码 01)

耕地是指种植农作物的土地，包括熟地，新开发、复垦、整理地，休闲地(含轮歇地、休耕地)；以种植农作物(含蔬菜)为主，间有零星果树、桑树或其他树木的土地；平均每年能保证收获一季的已垦滩地和海涂。耕地中包括南方宽度<1.0 米，北方宽度<2.0 米固定的沟、渠、路和地坎(埂)；临时种植药材、草皮、花卉、苗木等的耕地，临时种植果树、茶树和林木且耕作层未破坏的耕地，以及其他临时改变用途的耕地。

耕地又分为水田、水浇地和旱地 3 个二级分类。

(1)水田(地类编码 0101)指用于种植水稻、莲藕等水生农作物的耕地,包括实行水生、旱生农作物轮种的耕地。

(2)水浇地(地类编码 0102)指有水源保证和灌溉设施,在一般年景能正常灌溉,种植旱生农作物(含蔬菜)的耕地,包括种植蔬菜的非工厂化的大棚用地。

(3)旱地(地类编码 0103)指无灌溉设施,主要靠天然降水种植旱生农作物的耕地,包括没有灌溉设施,仅靠引洪淤灌的耕地。

2. 种植园用地(地类编码 02)

种植园用地是指种植以采集果、叶、根、茎、汁等为主的集约经营的多年生木本和草本作物,覆盖度大于 50%或每亩株数大于合理株数 70%的土地,包括用于育苗的土地。

种植园用地又分为果园、茶园、橡胶园和其他园地 4 个二级分类。

(1)果园(地类编码 0201)指种植果树的园地。

(2)茶园(地类编码 0202)指种植茶树的园地。

(3)橡胶园(地类编码 0203)指种植橡胶树的园地。

(4)其他园地(地类编码 0204)指种植桑树、可可、咖啡、油棕、胡椒、药材等其他多年生作物的园地。

3. 林地(地类编码 03)

林地是指生长乔木、竹类、灌木的土地。包括迹地,不包括沿海生长红树林的土地、森林沼泽、灌丛沼泽,城镇、村庄范围内的绿化林木用地,铁路、公路征地范围内的林木,以及河流、沟渠的护堤林。

林地又分为乔木林地、竹林地、红树林地、森林沼泽、灌木林地、灌丛沼泽和其他林地 7 个二级分类。

(1)乔木林地(地类编码 0301)指乔木郁闭度≥0.2 的林地,不包括森林沼泽。

(2)竹林地(地类编码 0302)指生长竹类植物,郁闭度≥0.2 的林地。

(3)红树林地(地类编码 0303)指沿海生长红树植物的土地。

(4)森林沼泽(地类编码 0304)指以乔木森林植物为优势群落的淡水沼泽。

(5)灌木林地(地类编码 0305)指灌木覆盖度≥40%的林地,不包括灌丛沼泽。

(6)灌丛沼泽(地类编码 0306)指以灌丛植物为优势群落的淡水沼泽。

(7)其他林地(地类编码 0307)包括疏林地(树木郁闭度≥0.1、<0.2 的林地)、未成林地、迹地、苗圃等林地。

4. 草地(地类编码 04)

草地是指以生长草本植物为主的土地。

草地又分为天然牧草地、沼泽草地、人工牧草地和其他草地 4 个二级分类。

(1)天然牧草地(地类编码 0401)指以天然草本植物为主,用于放牧或割草的草地,包括实施禁牧措施的草地,不包括沼泽草地。

(2)沼泽草地(地类编码 0402)指以天然草本植物为主的沼泽化的低地草甸、高寒草甸。

(3)人工牧草地(地类编码 0403)指人工种植牧草的草地。

(4)其他草地(地类编码 0404)指树木郁闭度<0.1,表层为土质,不用于放牧的草地。

5. 商业服务业用地(地类编码 05)

商业服务业用地是指主要用于商业、服务业的土地。

商业服务业用地又分为零售商业用地、批发市场用地、餐饮用地、旅馆用地、商务金融用地、娱乐用地和其他商服用地 7 个二级分类。

（1）零售商业用地（地类编码 0501）指以零售功能为主的商铺、商场、超市、市场和加油、加气、充换电站等的用地。

（2）批发市场用地（地类编码 0502）指以批发功能为主的市场用地。

（3）餐饮用地（地类编码 0503）指饭店、餐厅、酒吧等用地。

（4）旅馆用地（地类编码 0504）指宾馆、旅馆、招待所、服务性公寓、度假村等用地。

（5）商务金融用地（地类编码 0505）指商务服务用地，以及经营性的办公场所用地，包括写字楼、商业性办公场所、金融活动场所和企业厂区外独立的办公场所；信息网络服务、信息技术服务、电子商务服务、广告传媒等用地。

（6）娱乐用地（地类编码 0506）指剧院、音乐厅、电影院、歌舞厅、网吧、影视城、仿古城以及绿地率小于 65%的大型游乐等设施用地。

（7）其他商服用地（地类编码 0507）指零售商业、批发市场、餐饮、旅馆、商务金融、娱乐用地以外的其他商业、服务业用地。包括洗车场、洗染店、照相馆、理发美容店、洗浴场所、赛马场、高尔夫球场、废旧物质回收站、机动车、电子产品和日用产品修理网点、物流营业网点，及居住小区和小区级以下配套的服务设施等用地。

6. 工矿用地（地类编码 06）

工矿用地是指主要用于工业生产、物资存放场所的土地。

工矿用地又分为工业用地、采矿用地、盐田和仓储用地 4 个二级分类。

（1）工业用地（地类编码 0601）指工业生产、产品加工制造、机械和设备修理及直接为工业生产等服务的附属设施用地。

（2）采矿用地（地类编码 0602）指采矿、采石、采砂（沙）场和砖瓦窑等地面生产用地，排土（石）及尾矿堆放地。

（3）盐田（地类编码 0603）指用于生产盐的土地，包括晒盐场所、盐池及其附属设施用地。

（4）仓储用地（地类编码 0604）指用于物资储备、中转的场所用地，包括物流仓储设施、配送中心、转运中心等。

7. 住宅用地（地类编码 07）

住宅用地是指主要用于人们生活居住的房基地及其附属设施的土地。

住宅用地又分为城镇住宅用地和农村宅基地 2 个二级分类。

（1）城镇住宅用地（地类编码 0701）指城镇用于生活居住的各类房屋用地及其附属设施用地，不含配套的商业服务设施等用地。

（2）农村宅基地（地类编码 0702）指农村用于生活居住的宅基地。

8. 公共管理与公共服务用地（地类编码 08）

公共管理与公共服务用地是指用于机关团体、新闻出版、科教文卫、公用设施等的土地。

公共管理与公共服务用地又分为机关团体用地、新闻出版用地、教育用地、科研用地、医疗卫生用地、社会福利用地、文化设施用地、体育用地、公用设施用地和公园与绿地 10 个二级分类。

（1）机关团体用地（地类编码 0801）指用于党政机关、社会团体、群众自治组织等的用地。

（2）新闻出版用地（地类编码 0802）指用于广播电台、电视台、电影厂、报社、杂志社、通讯社、出版社等的用地。

（3）教育用地（地类编码 0803）指用于各类教育的用地，包括高等院校、中等专业学校、中学、小学、幼儿园及其附属设施用地，聋、哑、盲人学校及工读学校用地，以及为学校配建的独立地段的学生生活用地。

(4)科研用地(地类编码 0804)指独立的科研、勘察、研发、设计、检验检测、技术推广、环境评估与监测、科普等科研事业单位及其附属设施用地。

(5)医疗卫生用地(地类编码 0805)指医疗、保健、卫生、防疫、康复和急救设施等用地,包括综合医院、专科医院、社区卫生服务中心等用地;卫生防疫站、专科防治所、检验中心和动物检疫站等用地;对环境有特殊要求的传染病、精神病等专科医院用地;急救中心、血库等用地。

(6)社会福利用地(地类编码 0806)指为社会提供福利和慈善服务的设施及其附属设施用地,包括福利院、养老院、孤儿院等用地。

(7)文化设施用地(地类编码 0807)指图书、展览等公共文化活动设施用地,包括公共图书馆、博物馆、档案馆、科技馆、纪念馆、美术馆和展览馆等设施用地;综合文化活动中心、文化馆、青少年宫、儿童活动中心、老年活动中心等设施用地。

(8)体育用地(地类编码 0808)指体育场馆和体育训练基地等用地,包括室内外体育运动用地,如体育场馆、游泳场馆、各类球场及其附属的业余体校等用地,溜冰场、跳伞场、摩托车场、射击场,水上运动的陆域部分等用地,以及为体育运动专设的训练基地用地,不包括学校等机构专用的体育设施用地。

(9)公用设施用地(地类编码 0809)指用于城乡基础设施的用地,包括供水、排水、污水处理、供电、供热、供气、邮政、电信、消防、环卫、公用设施维修等用地。

(10)公园与绿地(地类编码 0810)指城镇、村庄范围内的公园、动物园、植物园、街心花园、广场和用于休憩、美化环境及防护的绿化用地。

9. 特殊用地(地类编码 09)

特殊用地是指用于军事设施、涉外、宗教、监教、殡葬、风景名胜等的土地。

特殊用地又分为军事设施用地、使领馆用地、监教场所用地、宗教用地、殡葬用地和风景名胜设施用地 6 个二级分类。

(1)军事设施用地(地类编码 0901)指直接用于军事目的的设施用地。

(2)使领馆用地(地类编码 0902)指用于外国政府及国际组织驻华使领馆、办事处等的用地。

(3)监教场所用地(地类编码 0903)指用于监狱、看守所、劳改场、戒毒所等的建筑用地。

(4)宗教用地(地类编码 0904)指专门用于宗教活动的庙宇、寺院、道观、教堂等宗教自用地。

(5)殡葬用地(地类编码 0905)指陵园、墓地、殡葬场所用地。

(6)风景名胜设施用地(地类编码 0906)指风景名胜景点(包括名胜古迹、旅游景点、革命遗址、自然保护区、森林公园、地质公园、湿地公园等)的管理机构,以及旅游服务设施的建筑用地。景区内的其他用地按现状归入相应地类。

10. 交通运输用地(地类编码 10)

交通运输用地是指用于运输通行的地面线路、场站等的土地,包括民用机场、汽车客货运场站、港口、码头、地面运输管道和各种道路以及轨道交通用地。

交通运输用地又分为铁路用地、轨道交通用地、公路用地、城镇村道路用地、交通服务场站用地、农村道路、机场用地、港口码头用地和管道运输用地 9 个二级分类。

(1)铁路用地(地类编码 1001)指用于铁道线路及场站的用地,包括征地范围内的路堤、路堑、道沟、桥梁、林木等用地。

(2)轨道交通用地(地类编码 1002)指用于轻轨、现代有轨电车、单轨等轨道交通的用地,以及场站的用地。

(3)公路用地(地类编码 1003)指用于国道、省道、县道和乡道的用地,包括征地范围内的路堤、路堑、道沟、桥梁、汽车停靠站、林木及直接为其服务的附属用地。

(4)城镇村道路用地(地类编码 1004)指城镇、村庄范围内公用道路及行道树用地,包括快速路、主干路、次干路、支路、专用人行道和非机动车道，及其交叉口等。

(5)交通服务场站用地(地类编码 1005)指城镇、村庄范围内交通服务设施用地，包括公交枢纽及其附属设施用地、公路长途客运站、公共交通场站、公共停车场(含设有充电桩的停车场)、停车楼、教练场等用地，不包括交通指挥中心、交通队用地。

(6)农村道路(地类编码 1006)指在农村范围内，南方宽度≥1.0 米、≤8.0 米，北方宽度≥2.0 米、≤8.0 米，用于村间、田间交通运输，并在国家公路网络体系之外，以服务于农村农业生产为主要用途的道路(含机耕道)。

(7)机场用地(地类编码 1007)指用于民用机场、军民合用机场的用地。

(8)港口码头用地(地类编码 1008)指用于人工修建的客运、货运、捕捞及工程、工作船舶停靠的场所及其附属建筑物的用地，不包括常水位以下部分。

(9)管道运输用地(地类编码 1009)指用于运输煤炭、矿石、石油和天然气管道及其相应附属设施的地上部分用地。

11. 水域及水利设施用地(地类编码 11)

水域及水利设施用地是指陆地水域，滩涂、沟渠、沼泽、水工建筑物等用地，不包括滞洪区和已垦滩涂中的耕地、园地、林地、城镇、村庄、道路等用地。

水域及水利设施用地又分为河流水面、湖泊水面、水库水面、坑塘水面、沿海滩涂、内陆滩涂、沟渠、沼泽地、水工建筑用地和冰川及永久积雪 10 个二级分类。

(1)河流水面(地类编码 1101)指天然形成或人工开挖河流常水位岸线之间的水面，不包括被堤坝拦截后形成的水库区段水面。

(2)湖泊水面(地类编码 1102)指天然形成的积水区常水位岸线所围成的水面。

(3)水库水面(地类编码 1103)指人工拦截汇集而成的总设计库容≥10 万立方米的水库正常蓄水位岸线所围成的水面。

(4)坑塘水面(地类编码 1104)指人工开挖或天然形成的蓄水量<10 万立方米的坑塘常水位岸线所围成的水面。

(5)沿海滩涂(地类编码 1105)指沿海大潮高潮位与低潮位之间的潮浸地带，包括海岛的沿海滩涂，不包括已利用的滩涂。

(6)内陆滩涂(地类编码 1106)指河流、湖泊常水位至洪水位间的滩地；时令湖、河洪水位以下的滩地；水库、坑塘的正常蓄水位与洪水位间的滩地。包括海岛的内陆滩地，不包括已利用的滩地。

(7)沟渠(地类编码 1107)指人工修建，南方宽度≥1.0 米、北方宽度≥2.0 米用于引、排、灌的渠道，包括渠槽、渠堤、护路林及小型泵站。

(8)沼泽地(地类编码 1108)指经常积水或渍水，一般生长湿生植物的土地，包括草本沼泽、苔藓沼泽、内陆盐沼等，不包括森林沼泽、灌丛沼泽和沼泽草地。

(9)水工建筑用地(地类编码 1109)指人工修建的闸、坝、堤路林、水电厂房、扬水站等常水位岸线以上的建(构)筑物用地。

(10)冰川及永久积雪(地类编码 1110)指表层被冰雪常年覆盖的土地。

12. 其他土地(地类编码 12)

其他土地是指上述地类以外的其他类型的土地。

其他土地又分为空闲地、设施农用地、田坎、盐碱地、沙地、裸土地和裸岩石砾地 7 个二级分类。

(1)空闲地(地类编码 1201)指城镇、村庄、工矿范围内尚未使用的土地，包括尚未确定用途的土地。

(2)设施农用地(地类编码 1202)指直接用于经营性畜禽养殖生产设施及其附属设施用地；直接用于作物栽培或水产养殖等农产品生产的设施及其附属设施用地；直接用于农业项目辅助生产的设施用

地；晾晒场、粮食果品烘干设施、粮食和农资临时存放场所、大型农机具临时存放场所等规模化粮食生产所必需的配套设施用地。

(3)田坎(地类编码 1203)指梯田及梯状坡地耕地中，主要用于拦蓄水和护坡，南方宽度≥1.0 米、北方宽度≥2.0 米的地坎。

(4)盐碱地(地类编码 1204)指表层盐碱聚集，生长天然耐盐植物的土地。

(5)沙地(地类编码 1205)指表层为沙覆盖，基本无植被的土地，不包括滩涂中的沙地。

(6)裸土地(地类编码 1206)指表层为土质，基本无植被覆盖的土地。

(7)裸岩石砾地(地类编码 1207)指表层为岩石或石砾，其覆盖面积≥70%的土地。

三、第三次全国国土调查工作分类及其含义

第三次全国国土调查工作分类采用自然资源部发布的《第三次全国国土调查技术规程》(TD/T 1055—2019)规定的分类标准。工作分类以《土地利用现状分类》(GB/T 21010—2017)为基础，对部分地类进行了细化和归并。增加了一级类湿地，将 8 个二级类归并到湿地中。对商业服务业用地、公共管理与公共服务用地、特殊用地、水域及水利设施用地等地类进行归并或细化。各地类的含义、划分标准概述如下。

1. 湿地(地类编码 00)

湿地是指红树林地，天然的或人工的，永久的或间歇性的沼泽地、泥炭地、盐田、滩涂等。

湿地又分为红树林地、森林沼泽、灌丛沼泽、沼泽草地、盐田、沿海滩涂、内陆滩涂和沼泽地 8 个二级分类。

(1)红树林地(地类编码 0303)指沿海生长红树植物的土地。

(2)森林沼泽(地类编码 0304)指以乔木森林植物为优势群落的淡水沼泽。

(3)灌丛沼泽(地类编码 0306)指以灌丛植物为优势群落的淡水沼泽。

(4)沼泽草地(地类编码 0402)指以天然草本植物为主的沼泽化的低地草甸、高寒草甸。

(5)盐田(地类编码 0603)指用于生产盐的土地，包括晒盐场所、盐池及其附属设施用地。

(6)沿海滩涂(地类编码 1105)指沿海大潮高潮位与低潮位之间的潮浸地带，包括海岛的沿海滩涂，不包括已利用的滩涂。

(7)内陆滩涂(地类编码 1106)指河流、湖泊常水位至洪水位间的滩地；时令湖、河洪水位以下的滩地；水库、坑塘的正常蓄水位与洪水位间的滩地。包括海岛的内陆滩地，不包括已利用的滩地。

(8)沼泽地(地类编码 1108)指经常积水或渍水，一般生长湿生植物的土地，包括草本沼泽、苔藓沼泽、内陆盐沼等，不包括森林沼泽、灌丛沼泽和沼泽草地。

2. 耕地(地类编码 01)

耕地是指种植农作物的土地，包括熟地，新开发、复垦、整理地，休闲地(含轮歇地、休耕地)；以种植农作物(含蔬菜)为主，间有零星果树、桑树或其他树木的土地；平均每年能保证收获一季的已垦滩地和海涂。耕地中包括南方宽度<1.0 米，北方宽度<2.0 米固定的沟、渠、路和地坎(埂)；临时种植药材、草皮、花卉、苗木等的耕地，临时种植果树、茶树和林木且耕作层未破坏的耕地，以及其他临时改变用途的耕地。

耕地又分为水田、水浇地和旱地 3 个二级分类。

(1)水田(地类编码 0101)指用于种植水稻、莲藕等水生农作物的耕地，包括实行水生、旱生农作物轮种的耕地。

(2)水浇地(地类编码 0102)指有水源保证和灌溉设施,在一般年景能正常灌溉,种植旱生农作物(含蔬菜)的耕地,包括种植蔬菜的非工厂化的大棚用地。

(3)旱地(地类编码 0103)指无灌溉设施,主要靠天然降水种植旱生农作物的耕地,包括没有灌溉设施,仅靠引洪淤灌的耕地。

3. 种植园用地(地类编码 02)

种植园用地是指种植以采集果、叶、根、茎、汁等为主的集约经营的多年生木本和草本作物,覆盖度大于 50%或每亩株数大于合理株数 70%的土地,包括用于育苗的土地。

种植园用地又分为果园、茶园、橡胶园和其他园地 4 个二级分类。

(1)果园(地类编码 0201)指种植果树的园地。可调整果园(地类编码 0201K)指由耕地改为果园,但耕作层未被破坏的土地。

(2)茶园(地类编码 0202)指种植茶树的园地。可调整茶园(地类编码 0202K)指由耕地改为茶园,但耕作层未被破坏的土地。

(3)橡胶园(地类编码 0203)指种植橡胶树的园地。可调整橡胶园(地类编码 0203K)指由耕地改为橡胶园,但耕作层未被破坏的土地。

(4)其他园地(地类编码 0204)指种植桑树、可可、咖啡、油棕、胡椒、药材等其他多年生作物的园地。可调整其他园地(地类编码 0204K)指由耕地改为其他园地,但耕作层未被破坏的土地。

4. 林地(地类编码 03)

林地是指生长乔木、竹类、灌木的土地,包括迹地,不包括沿海生长红树林的土地、森林沼泽、灌丛沼泽,城镇、村庄范围内的绿化林木用地,铁路、公路征地范围内的林木,以及河流、沟渠的护堤林。

林地又分为乔木林地、竹林地、灌木林地和其他林地 4 个二级分类。

(1)乔木林地(地类编码 0301)指乔木郁闭度≥0.2 的林地,不包括森林沼泽。可调整乔木林地(地类编码 0301K)指由耕地改为乔木林地,但耕作层未被破坏的土地。

(2)竹林地(地类编码 0302)指生长竹类植物,郁闭度≥0.2 的林地。可调整竹林地(地类编码 0302K)指由耕地改为竹林地,但耕作层未被破坏的土地。

(3)灌木林地(地类编码 0305)指灌木覆盖度≥40%的林地,不包括灌丛沼泽。

(4)其他林地(地类编码 0307)包括疏林地(树木郁闭度≥0.1、<0.2 的林地)、未成林地、迹地、苗圃等林地。可调整其他林地(地类编码 0307K)指由耕地改为未成林造林地和苗圃,但耕作层未被破坏的土地。

5. 草地(地类编码 04)

草地是指生长草本植物为主的土地,不包括沼泽草地。

草地又分为天然牧草地、人工牧草地和其他草地 3 个二级分类。

(1)天然牧草地(地类编码 0401)指以天然草本植物为主,用于放牧或割草的草地,包括实施禁牧措施的草地,不包括沼泽草地。

(2)人工牧草地(地类编码 0403)指人工种植牧草的草地。可调整人工牧草地(地类编码 0403K)指由耕地改为人工牧草地,但耕作层未被破坏的土地。

(3)其他草地(地类编码 0404)指树木郁闭度<0.1,表层为土质,不用于放牧的草地。

6. 商业服务业用地(地类编码 05)

商业服务业用地是指主要用于商业、服务业的土地。

商业服务业用地又分为商业服务业设施用地和物流仓储用地 2 个二级分类。

（1）商业服务业设施用地（地类编码 05H1）指主要用于零售、批发、餐饮、旅馆、商务金融、娱乐及其他商服的土地。

（2）物流仓储用地（地类编码 0508）指用于物资储备、中转、配送等场所的用地，包括物流仓储设施、配送中心、转运中心等。

7. 工矿用地（地类编码 06）

工矿用地是指主要用于工业、采矿等生产的土地，不包括盐田。

工矿用地又分为工业用地和采矿用地 2 个二级分类。

（1）工业用地（地类编码 0601）指工业生产、产品加工制造、机械和设备修理，及直接为工业生产等服务的附属设施用地。

（2）采矿用地（地类编码 0602）指采矿、采石、采砂（沙）场，砖瓦窑等地面生产用地，排土（石）及尾矿堆放地，不包括盐田。

8. 住宅用地（地类编码 07）

住宅用地是指主要用于人们生活居住的房基地及其附属设施的土地。

住宅用地又分为城镇住宅用地和农村宅基地 2 个二级分类。

（1）城镇住宅用地（地类编码 0701）指城镇用于生活居住的各类房屋用地及其附属设施用地，不含配套的商业服务设施等用地。

（2）农村宅基地（地类编码 0702）指农村用于生活居住的宅基地。

9. 公共管理与公共服务用地（地类编码 08）

公共管理与公共服务用地是指用于机关团体、新闻出版、科教文卫、公用设施等的土地。

公共管理与公共服务用地又分为机关团体新闻出版用地、科教文卫用地、公用设施用地和公园与绿地 4 个二级分类。

（1）机关团体新闻出版用地（地类编码 08H1）指用于党政机关、社会团体、群众自治组织，广播电台、电视台、电影厂、报社、杂志社、通讯社、出版社等的用地。

（2）科教文卫用地（地类编码 08H2）指用于各类教育，独立的科研、勘察、研发、设计、检验检测、技术推广、环境评估与监测、科普等科研事业单位，医疗、保健、卫生、防疫、康复和急救设施，为社会提供福利和慈善服务的设施，图书、展览等公共文化活动设施，体育场馆和体育训练基地等用地及其附属设施用地。高教用地（地类编码 08H2A）指高等院校及其附属设施用地。

（3）公用设施用地（地类编码 0809）指用于城乡基础设施的用地，包括供水、排水、污水处理、供电、供热、供气、邮政、电信、消防、环卫、公用设施维修等用地。

（4）公园与绿地（地类编码 0810）指城镇、村庄范围内的公园、动物园、植物园、街心花园、广场和用于休憩、美化环境及防护的绿化用地。广场用地（地类编码 0810A）指城镇、村庄范围内的广场用地。

10. 特殊用地（地类编码 09）

特殊用地是指用于军事设施、涉外、宗教、监教、殡葬、风景名胜等的土地。

11. 交通运输用地（地类编码 10）

交通运输用地是指用于运输通行的地面线路、场站等的土地，包括民用机场、汽车客货运场站、港口、码头、地面运输管道和各种道路以及轨道交通用地。

交通运输用地又分为铁路用地、轨道交通用地、公路用地、城镇村道路用地、交通服务场站用地、农村道路、机场用地、港口码头用地和管道运输用地 9 个二级分类。

(1)铁路用地(地类编码 1001)指用于铁道线路及场站的用地,包括征地范围内的路堤、路堑、道沟、桥梁、林木等用地。

(2)轨道交通用地(地类编码 1002)指用于轻轨、现代有轨电车、单轨等轨道交通的用地,以及场站的用地。

(3)公路用地(地类编码 1003)指用于国道、省道、县道和乡道的用地,包括征地范围内的路堤、路堑、道沟、桥梁、汽车停靠站、林木及直接为其服务的附属用地。

(4)城镇村道路用地(地类编码 1004)指城镇、村庄范围内公用道路及行道树用地,包括快速路、主干路、次干路、支路、专用人行道和非机动车道,及其交叉口等。

(5)交通服务场站用地(地类编码 1005)指城镇、村庄范围内交通服务设施用地,包括公交枢纽及其附属设施用地、公路长途客运站、公共交通场站、公共停车场(含设有充电桩的停车场)、停车楼、教练场等用地,不包括交通指挥中心、交通队用地。

(6)农村道路(地类编码 1006)指在农村范围内,南方宽度≥1.0 米、≤8.0 米,北方宽度≥2.0 米、≤8.0 米,用于村间、田间交通运输,并在国家公路网络体系之外,以服务于农村农业生产为主要用途的道路(含机耕道)。

(7)机场用地(地类编码 1007)指用于民用机场、军民合用机场的用地。

(8)港口码头用地(地类编码 1008)指用于人工修建的客运、货运、捕捞及工程、工作船舶停靠的场所及其附属建筑物的用地,不包括常水位以下部分。

(9)管道运输用地(地类编码 1009)指用于运输煤炭、矿石、石油、天然气等管道及其相应附属设施的地上部分用地。

12. 水域及水利设施用地(地类编码 11)

水域及水利设施用地是指陆地水域,沟渠、水工建筑物等用地,不包括滞洪区。

水域及水利设施用地又分为河流水面、湖泊水面、水库水面、坑塘水面、沟渠、水工建筑用地和冰川及永久积雪 7 个二级分类。

(1)河流水面(地类编码 1101)指天然形成或人工开挖河流常水位岸线之间的水面,不包括被堤坝拦截后形成的水库区段水面。

(2)湖泊水面(地类编码 1102)指天然形成的积水区常水位岸线所围成的水面。

(3)水库水面(地类编码 1103)指人工拦截汇集而成的总设计库容≥10 万立方米的水库正常蓄水位岸线所围成的水面。

(4)坑塘水面(地类编码 1104)指人工开挖或天然形成的蓄水量<10 万立方米的坑塘常水位岸线所围成的水面。养殖坑塘(地类编码 1104A)指人工开挖或天然形成的用于水产养殖的水面及相应附属设施用地。可调整养殖坑塘(地类编码 1104K)指由耕地改为养殖坑塘,但可复耕的土地。

(5)沟渠(地类编码 1107)指人工修建,南方宽度≥1.0 米、北方宽度≥2.0 米用于引、排、灌的渠道,包括渠槽、渠堤、护路林及小型泵站。干渠(地类编码 1107A)指除农田水利用地以外的人工修建的沟渠。

(6)水工建筑用地(地类编码 1109)指人工修建的闸、坝、堤路林、水电厂房、扬水站等常水位岸线以上的建(构)筑物用地。

(7)冰川及永久积雪(地类编码 1110)指表层被冰雪常年覆盖的土地。

13. 其他土地(地类编码 12)

其他土地是指上述地类以外的其他类型的土地。

其他土地又分为空闲地、设施农用地、田坎、盐碱地、沙地、裸土地和裸岩石砾地 7 个二级分类。

(1)空闲地(地类编码 1201)指城镇、村庄、工矿范围内尚未使用的土地,包括尚未确定用途的土地。

(2)设施农用地(地类编码 1202)指直接用于经营性畜禽养殖生产设施及其附属设施用地;直接用于作物栽培或水产养殖等农产品生产的设施及其附属设施用地;直接用于设施农业项目辅助生产的设施用地;晾晒场、粮食果品烘干设施、粮食和农资临时存放场所、大型农机具临时存放场所等规模化粮食生产所必需的配套设施用地。

(3)田坎(地类编码 1203)指梯田及梯状坡地耕地中,主要用于拦蓄水和护坡,南方宽度≥1.0 米、北方宽度≥2.0 米的地坎。

(4)盐碱地(地类编码 1204)指表层盐碱聚集,生长天然耐盐植物的土地。

(5)沙地(地类编码 1205)指表层为沙覆盖、基本无植被的土地,不包括滩涂中的沙地。

(6)裸土地(地类编码 1206)指表层为土质,基本无植被覆盖的土地。

(7)裸岩石砾地(地类编码 1207)指表层为岩石或石砾,其覆盖面积≥70%的土地。

四、土地利用现状综述

秦皇岛市共 13 个一级土地利用类型,一级土地类型中的二级分类共涉及 42 个,按照《第三次全国国土调查技术规程》(TD/T 1055—2019),本书将商业服务业用地(05)、工矿用地(06)、住宅用地(07)、公共管理与公共服务用地(08)和特殊用地(09)归并为城镇村及工矿用地,土地利用现状构成情况如下。

1. 耕地(地类编码 01)

秦皇岛市耕地面积为 172 990.11 公顷。其中:水田面积 9 725.77 公顷,占全市耕地总面积的 5.62%;水浇地面积 59 645.06 公顷,占全市耕地总面积的 34.48%;旱地面积 103 619.28 公顷,占全市耕地总面积的 59.90%。

2. 种植园用地(地类编码 02)

秦皇岛市种植园用地面积为 126 568.74 公顷。其中:果园面积 126 034.96 公顷,占全市种植园用地总面积的 99.58%;其他园地面积 533.78 公顷,占全市种植园用地总面积的 0.42%。

3. 林地(地类编码 03)

秦皇岛市林地面积为 277 954.60 公顷。其中:乔木林地面积 146 274.23 公顷,占全市林地总面积的 52.62%;灌木林地面积 89 852.60 公顷,占全市林地总面积的 32.33%;其他林地面积 41 827.77 公顷,占全市林地总面积的 15.05%。

4. 草地(地类编码 04)

秦皇岛市草地面积为 56 110.76 公顷。其中:人工牧草地面积 0.27 公顷;其他草地面积 56 110.49 公顷。

5. 湿地(地类编码 00)

秦皇岛市湿地面积为 3 228.17 公顷。其中:沿海滩涂面积 2 139.92 公顷,占全市湿地总面积的 66.29%;内陆滩涂面积 1 088.25 公顷,占全市湿地总面积的 33.71%。

6. 城镇村及工矿用地(地类编码 20)

秦皇岛市城镇村及工矿用地面积为 85 924.53 公顷。其中:城市面积 12 661.60 公顷,占全市城镇村及工矿用地总面积的 14.74%;建制镇面积 10 227.22 公顷,占全市城镇村及工矿用地总面积的

11.90%；村庄面积55 714.21公顷，占全市城镇村及工矿用地总面积的64.84%；盐田及采矿用地面积4 993.33公顷，占全市城镇村及工矿用地总面积的5.81%；风景名胜及特殊用地面积2 328.17公顷，占全市城镇村及工矿用地总面积的2.71%。

7. 交通运输用地(地类编码10)

秦皇岛市交通运输用地面积为16 250.10公顷。其中：铁路用地面积2 229.92公顷，占全市交通运输用地总面积的13.72%；公路用地面积7 131.33公顷，占全市交通运输用地总面积的43.89%；农村道路面积5 943.03公顷，占全市交通运输用地总面积的36.57%；机场用地面积170.23公顷，占全市交通运输用地总面积的1.05%；港口码头用地面积757.90公顷，占全市交通运输用地总面积的4.66%；管道运输用地面积17.69公顷，占全市交通运输用地总面积的0.11%。

8. 水域及水利设施用地(地类编码11)

秦皇岛市水域及水利设施用地面积为29 007.11公顷。其中：河流水面面积11 841.13公顷，占全市水域及水利设施用地总面积的40.82%；湖泊水面面积283.83公顷，占全市水域及水利设施用地总面积的0.98%；水库水面面积5 818.25公顷，占全市水域及水利设施用地总面积的20.06%；坑塘水面面积8 374.73公顷，占全市水域及水利设施用地总面积的28.87%；沟渠面积2 086.64公顷，占全市水域及水利设施用地总面积的7.19%；水工建筑用地面积602.53公顷，占全市水域及水利设施用地总面积的2.08%。

9. 其他土地(地类编码12)

秦皇岛市其他土地中，设施农用地面积5 013.89公顷，田坎面积4 920.89公顷，沙地面积494.75公顷，裸土地面积324.06公顷。

第二节 专项用地调查

一、城镇村及工矿用地

对工作分类中05、06、07、08、09各一级地类，0603、1004、1005、1201各二级地类，以及城镇村居民点范围内的其他各类用地进行归并。

城镇村及工矿用地(地类编码20)指城乡居民点、独立居民点以及居民点以外的工矿、国防、名胜古迹等企事业单位用地，包括其内部交通、绿化用地。

(1)城市(地类编码201)即城市居民点，指市区政府、县级市政府所在地(镇级)辖区内的，以及与城市连片的商业服务业、住宅、工业、机关、学校等用地，包括其所属的，不与其连片的开发区、新区等建成区，及城市居民点范围内的其他各类用地。城市独立工业用地(地类编码201A)指城市辖区内独立的工业用地。

(2)建制镇(地类编码202)即建制镇居民点，指建制镇辖区内的商业服务业、住宅、工业、学校等用地，包括其所属的，不与其连片的开发区、新区等建成区，及建制镇居民点范围内的其他各类用地(含城中村)，不包括乡政府所在地。建制镇独立工业用地(地类编码202A)指建制镇辖区内独立的工业用地。

(3)村庄(地类编码203)即农村居民点，指乡村所属的商业服务业、住宅、工业、学校等用地，包括农村居民点范围内的其他各类用地。村庄独立工业用地(地类编码 203A)指村庄所属独立的工业用地。

(4)盐田及采矿用地(地类编码 204)指城镇村庄用地以外采矿、采石、采砂(沙)场,盐田,砖瓦窑等地面生产用地及尾矿堆放地。

(5)特殊用地(地类编码 205)指城镇村庄用地以外,用于军事设施、涉外、宗教、监教、殡葬、风景名胜等的土地。

二、耕地坡度分级

耕地坡度分级是依耕地所处地势的坡面坡度,按对耕地利用的影响限制程度而划分的级别。

三、耕地种植类型调查

第三次全国国土调查耕地种植属性统计标注分为种植粮食作物(LS)、种植非粮作物(FLS)、粮与非粮轮作(LYFL)、休耕(XG)、林粮间作(LLJZ)、未耕种(WG)。

四、耕地细化调查

耕地细化调查。重点对位于河流滩涂上的耕地、湖泊滩涂上的耕地、林区范围开垦的耕地、牧区范围过度开垦的耕地、受荒漠化沙化影响的退化耕地和石漠化耕地等开展细化调查,分类标注,摸清各类耕地资源家底状况,夯实耕地数量、质量、生态"三位一体"保护的基础。

收集和参考相关部门的有关资料,根据耕地的位置和立地条件,实地开展细化调查,并标注相应属性。包括河道耕地(位于河流滩涂上耕地)、湖区耕地(位于湖泊滩涂上耕地)、林区耕地(林区范围内林场职工自行开垦的耕地)、牧区耕地(牧区范围内过度开垦的耕地)、沙荒耕地(受荒漠化、沙化影响的退化耕地)和石漠化耕地(受石漠化影响的耕地)等。

根据耕地的位置和立地条件等标注,第三次国土调查耕地细化分为以下几种,河道耕地(HDGD)、湖区耕地(HQGD)、林区耕地(LQGD)、牧区耕地(MQGD)、沙荒耕地(SHGD)、石漠化耕地(SMGD)、盐碱化耕地(YJGD)。

五、可调整地类

可调整地类指按照《关于搞好农用地管理促进农业生产结构调整工作的通知》(土资发〔1999〕511号)的文件精神,1999 年以后除生态退耕以外,因农业结构调整原因,将耕地改为园地、林地、草地和坑塘水面,且耕作层未破坏的土地,包括可调整果园、可调整茶园、可调整橡胶园、可调整其他园地、可调整乔木林地、可调整竹林地、可调整其他林地、可调整人工牧草地、可调整养殖坑塘。

此次调查不再新认定可调整地类。对原有可调整地类图斑,实地现状为耕地的,按耕地调查,并进行标注;实地现状为种植园、林木、坑塘等非耕地的,经所在县级自然资源主管部门和农业农村两部门共同评估认为仍可恢复为耕地的,可继续按可调整地类调查,并按种植园用地、林地、坑塘水面等地类进行汇总统计;对于实地已为种植园、林木、坑塘水面等且经两部门评估难以恢复成耕地的,按实地现状调查,不保留可调整地类的属性。

六、"即可恢复"与"工程恢复"种植属性调查

国务院第三次全国国土调查领导小组办公室《关于调整第三次全国国土调查有关内容与要求的补充通知》(国土调查办发〔2019〕7 号)要求，对第二次全国土地调查时的耕地及其后的新增耕地，现状是园地、林地、草地及坑塘水面等其他农用地的，在按现状确定地类的同时，对于清理后可以直接恢复耕种的，标注"即可恢复"属性；对清理后不能直接恢复耕种，相关耕种设施需要采取一定工程措施重新修整后才能恢复耕种的，标注"工程恢复"属性。

七、部分细化地类

按照《第三次全国国土调查技术规程》《土地利用现状分类》(GB/T 21010—2017)的要求，经调整形成《第三次全国国土调查工作分类》，对其中的部分地类进行了细化。

科教文卫用地(08H2)：指用于各类教育，独立的科研、勘察、研发、设计、检验检测、技术推广、环境评估与监测、科普等科研事业单位，医疗、保健、卫生、防疫、康复和急救设施，为社会提供福利和慈善服务的设施，图书、展览等公共文化活动设施，体育场馆和体育训练基地等用地及其附属设施用地。其中细化地类高教用地(08H2A)，指高等院校及其附属设施用地。

公园与绿地(0810)：指城镇、村庄范围内的公园、动物园、植物园、街心花园、广场和用于休憩、美化环境及防护的绿化用地。其中细化地类广场用地(0810A)，指城镇、村庄范围内的广场用地。

坑塘水面(1104)：指人工开挖或天然形成的蓄水量＜10 万立方米的坑塘常水位岸线所围成的水面。其中细化地类养殖坑塘(1104A)，指人工开挖或天然形成的用于水产养殖的水面及其相应附属设施用地。

沟渠(1107)：指人工修建，南方宽度≥1.0 米、北方宽度≥2.0 米用于引、排、灌的渠道，包括渠槽、渠堤、护路林及小型泵站。其中细化地类干渠(1107A)，指除农田水利用地以外的人工修建的沟渠。

城市(201)：指城市居民点，以及与城市连片的和区政府、县级市政府所在地镇级辖区内的商服、住宅、工业、机关、学校等企事业单位用地。包括其范围内的其他各类用地。其中细化地类城市独立工业用地(201A)，指城市辖区内独立的工业用地。

建制镇(202)：指建制镇居民点，以及辖区内的商服、住宅、工业、学校等企事业单位用地。包括其范围内的其他各类用地。其中细化地类建制镇独立工业用地(202A)，指建制镇辖区内独立的工业用地。

村庄(203)：指农村居民点，以及所属的商服、住宅、工业、学校等企事业单位用地。包括其范围内的其他各类用地。其中细化地类村庄独立工业用地(203A)，指村庄所属独立的工业用地。

八、废弃与垃圾填埋细化标注

根据《第三次全国国土调查技术问答》(国土调查办发〔2019〕6 号)和《第三次全国国土调查技术问答(第二批)》(国土调查办发〔2019〕9 号)的要求，针对废弃采矿用地、公路、铁路按采矿用地和道路调查，并标注"废弃"属性；垃圾填埋的地块按公用设施用地调查。如果填埋区域地表已生长林草的，按林地或其他草地调查，并标注"垃圾填埋"属性。

九、工业用地按类型标注调查

按照工业仓储用地的实际利用状况，将工业用地标注为火电工业用地（HDGY）、钢铁工业用地（GTGY）、煤矿工业用地（MKGY）、水泥工业用地（SNGY）、玻璃工业用地（BLGY）和电解铝工业用地（DLGY）。

十、林区范围内种植园用地调查

对林业部门调查的林区范围内种植园用地，按现状调查为种植园用地，如原地类是林地，标注林区内的种植园用地属性。

十一、灌丛草地汇总

对于灌木覆盖度≥30％、＜40％的草地图斑，标注灌丛草地属性。

十二、海岛调查

对照经国务院批准的《中国海域海岛标准名录》开展海岛调查与统计。海岛范围调查至零米等深线。

有常住居民的海岛，进行实地调查。其他海岛，调查底图覆盖到的，调绘至底图上。调查底图覆盖不到的，依据国家海洋信息中心提供的海岛数据确定其位置，对海岛的名称、地类和面积等进行统计汇总。

2 土地利用现状

第四章　湿　地

第一节　湿地面积的分析

根据第三次全国国土调查统一时点更新上报成果显示，秦皇岛市湿地(图 4-1)总面积为 3 228.17 公顷，面积占比居全市一级土地利用类型面积的第九位。

图 4-1　湿地景观

第二节　湿地分布特点

按行政区域分析，湿地面积最大的是昌黎县，有湿地 993.16 公顷，占全市湿地总面积的 30.77%；其次是山海关区，有湿地 685.97 公顷，占全市湿地总面积的 21.25%；第三位是青龙满族自治县，有湿地 543.30 公顷，占全市湿地总面积的 16.83%。湿地面积最小的是海港区、卢龙县和抚宁区，分别有湿地 82.45 公顷、131.80 公顷和 266.54 公顷，分别占全市湿地总面积的 2.55%、4.08%和 8.26%。全市湿地分布情况详见表 4-1 和图 4-2。

表 4-1　秦皇岛市湿地分布统计表

行政区域	湿地面积/公顷	占全市湿地总面积的比例/%
秦皇岛市	3 228.17	100.00
海港区	82.45	2.55
山海关区	685.97	21.25
北戴河区	524.95	16.26
抚宁区	266.54	8.26
青龙满族自治县	543.30	16.83
昌黎县	993.16	30.77
卢龙县	131.80	4.08

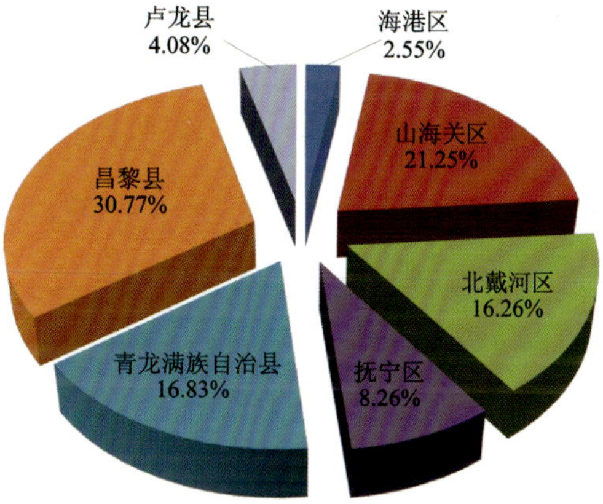

图 4-2　秦皇岛市湿地分布统计图

第三节　湿地构成分析

根据第二次全国国土调查分类，秦皇岛市湿地中的二级分类有两个，即沿海滩涂和内陆滩涂，其面积、比例和分布情况如下。

一、沿海滩涂

秦皇岛市沿海滩涂(图 4-3)面积为 2 139.92 公顷，占全市湿地总面积的 66.29%。

图 4-3　沿海滩涂景观

按行政区域分析，沿海滩涂主要分布在昌黎县，面积 785.99 公顷，占全市沿海滩涂总面积的 36.73%；其次是山海关区，面积 684.12 公顷，占全市沿海滩涂总面积的 31.97%；第三位是北戴河区，面积 512.53 公顷，占全市沿海滩涂总面积的 23.95%。其他县(区)的沿海滩涂面积较少，合计仅占全市沿海滩涂总面积的 7.35%。其中，青龙满族自治县和卢龙县没有沿海滩涂，海港区仅有沿海滩涂 44.26 公顷，占全市沿海滩涂总面积的 2.07%。

按沿海滩涂占本辖区湿地总面积的比例分析，占比最高的是山海关区，为 99.73%；其次是北戴河区，为 97.63%，第三位是昌黎县，为 79.14%。除了青龙满族自治县和卢龙县没有沿海滩涂以外，抚宁区占比最低，为 42.40%。全市沿海滩涂分布情况详见表 4-2，图 4-4。

表 4-2　秦皇岛市沿海滩涂分布统计表

行政区域	沿海滩涂面积/公顷	占本辖区湿地总面积的比例/%	占全市沿海滩涂总面积的比例/%
秦皇岛市	2 139.92	66.29	100.00
海港区	44.26	53.68	2.07
山海关区	684.12	99.73	31.97
北戴河区	512.53	97.63	23.95
抚宁区	113.02	42.40	5.28
青龙满族自治县	0.00	0.00	0.00
昌黎县	785.99	79.14	36.73
卢龙县	0.00	0.00	0.00

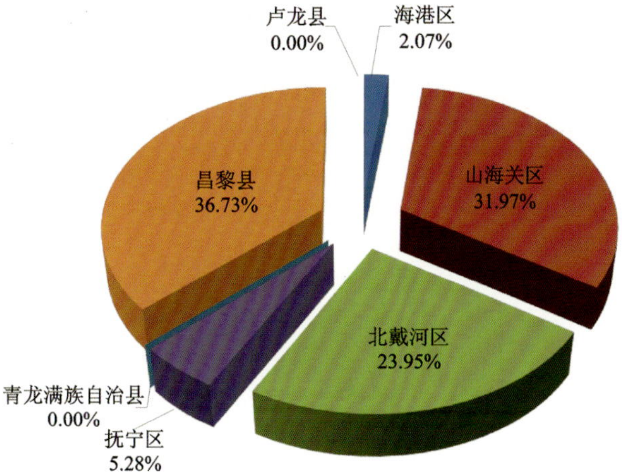

图 4-4　秦皇岛市沿海滩涂分布统计图

二、内陆滩涂

秦皇岛市内陆滩涂(图 4-5)面积为 1 088.25 公顷,占全市湿地总面积的 33.71%。

图 4-5　内陆滩涂景观

按行政区域分析,内陆滩涂主要分布在青龙满族自治县,面积 543.30 公顷,占全市内陆滩涂总面积的 49.92%;其次是昌黎县,面积 207.17 公顷,占全市内陆滩涂总面积的 19.04%;第三位是抚宁区,面积 153.52 公顷,占全市内陆滩涂总面积的 14.11%;北戴河区,有内陆滩涂 12.42 公顷,占全市内陆滩涂总面积的 1.14%。山海关区仅有内陆滩涂 1.85 公顷,占全市内陆滩涂总面积的 0.17%,在全市内陆滩涂面积县域分布中属于最少。按内陆滩涂占本辖区湿地总面积的比例分析,占比最高的是青龙满族自治县和卢龙县,为 100%;其次是抚宁区,为 57.60%。山海关区和北戴河区最低,占比分别为 0.27%和 2.37%。全市内陆滩涂分布情况详见表 4-3 和图 4-6。

表 4-3　秦皇岛市内陆滩涂分布统计表

行政区域	内陆滩涂面积/公顷	占本辖区湿地总面积的比例/%	占全市内陆滩涂总面积的比例/%
秦皇岛市	1 088.25	33.71	100.00
海港区	38.19	46.32	3.51
山海关区	1.85	0.27	0.17
北戴河区	12.42	2.37	1.14
抚宁区	153.52	57.60	14.11
青龙满族自治县	543.30	100.00	49.92
昌黎县	207.17	20.86	19.04
卢龙县	131.80	100.00	12.11

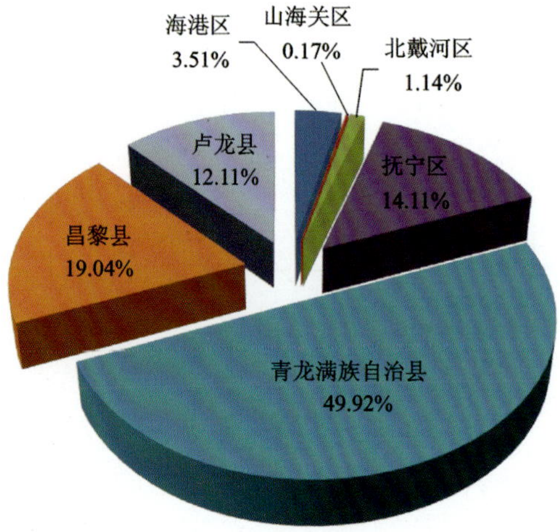

图 4-6　秦皇岛市内陆滩涂分布统计图

第五章 耕 地

耕地是我国最为宝贵的资源和粮食生产最重要的物质基础，也是农民最基本的生产资料和最基础的生活保障。我国人均耕地不到世界平均水平的1/2，中低产田约占72%，粮食生产保障能力不够稳定。随着人口持续增长，我国人均耕地还将下降，耕地资源紧约束态势仍将进一步加剧。这一基本国情决定我们要多措并举去保护耕地。开展第三次全国国土调查，全面掌握全国耕地的数量、质量、分布和构成，是实施耕地质量提升、土地整治，建设高标准农田，合理安排生态退耕和轮作休耕，严守18亿亩耕地红线的根本前提；是确保永久基本农田"划足、划优、划实"，实现"落地块、明责任、建表册、入图库"的重要基础；是全面实施"藏粮于地"战略，加强耕地建设性保护、激励性保护和管控性保护，建立健全耕地保护长效机制的根本保障。

第一节 耕地面积的分析

根据第三次全国国土调查统一时点更新上报成果显示，秦皇岛市耕地（图5-1）总面积为172 990.11公顷，面积占比居全市一级土地利用类型面积的第二位。

图5-1 耕地景观

第二节　耕地分布特点

秦皇岛市7县（区）均有耕地分布。耕地面积以昌黎县、卢龙县最多，其中昌黎县耕地面积为58 640.36公顷，占全市耕地总面积的33.90%，居全市各县（区）之首；其次为卢龙县，耕地面积为44 902.66公顷，占全市耕地总面积的25.96%；再次为抚宁区，耕地面积为30 297.08公顷，占全市耕地总面积的17.51%。耕地面积最少的是山海关区，耕地面积为2 103.11公顷，仅占全市耕地总面积的1.22%；次少的是北戴河区，面积为3 043.04公顷，占全市耕地总面积的1.76%；第三少的是海港区，面积为9 227.00公顷，占全市耕地总面积的5.33%。全市耕地分布情况详见表5-1，图5-2。

表5-1　秦皇岛市耕地分布统计表

行政区域	耕地面积/公顷	占全市耕地总面积的比例/%
秦皇岛市	172 990.11	100.00
海港区	9 227.00	5.33
山海关区	2 103.11	1.22
北戴河区	3 043.04	1.76
抚宁区	30 297.08	17.51
青龙满族自治县	24 776.86	14.32
昌黎县	58 640.36	33.90
卢龙县	44 902.66	25.96

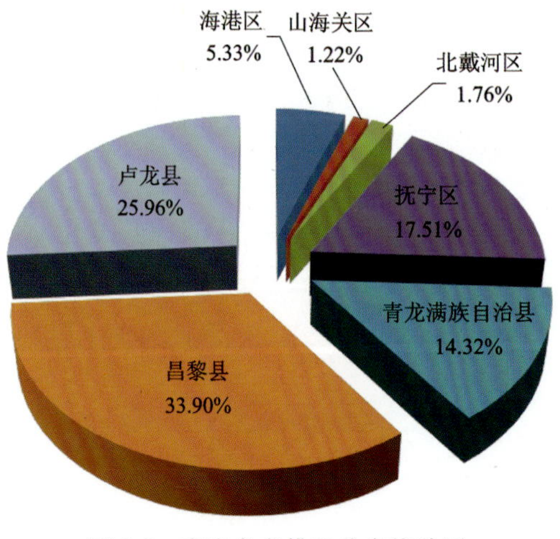

图5-2　秦皇岛市耕地分布统计图

第三节 耕地构成分析

秦皇岛市耕地分为水田、水浇地和旱地3种类型，其中旱地所占比例最大，下面对这3种类型进行分析对比。

一、水田

秦皇岛市水田(图5-3)面积为9 725.77公顷，占全市耕地总面积的5.62%。

图5-3 水田景观

秦皇岛市水田以种植水稻为主。按行政区域分析，主要分布在昌黎县，面积4 700.74公顷，占全市水田总面积的48.33%；其次是抚宁区，面积3 558.32公顷，占全市水田总面积的36.59%；第三位是卢龙县，面积701.55公顷，占全市水田总面积的7.21%。其他县(区)的水田面积较少，合计仅占全市水田总面积的7.87%。其中，山海关区仅有水田10.73公顷，占全市水田总面积的0.11%。

按水田占本辖区耕地总面积的比例分析，占比最高的是北戴河区，为17.07%；其次是抚宁区，为11.74%，第三位是昌黎县，为8.02%。海港区、山海关区和青龙满族自治县最低，占比分别为0.47%、0.51%和0.77%。全市水田分布情况详见表5-2和图5-4。

表5-2 秦皇岛市水田分布统计表

行政区域	水田面积/公顷	占本辖区耕地总面积的比例/%	占全市水田总面积的比例/%
秦皇岛市	9 725.77	5.62	100.00
海港区	43.67	0.47	0.45
山海关区	10.73	0.51	0.11
北戴河区	519.49	17.07	5.34
抚宁区	3 558.32	11.74	36.59

续表 5-2

行政区域	水田面积/公顷	占本辖区耕地总面积的比例/%	占全市水田总面积的比例/%
青龙满族自治县	191.27	0.77	1.97
昌黎县	4 700.74	8.02	48.33
卢龙县	701.55	1.56	7.21

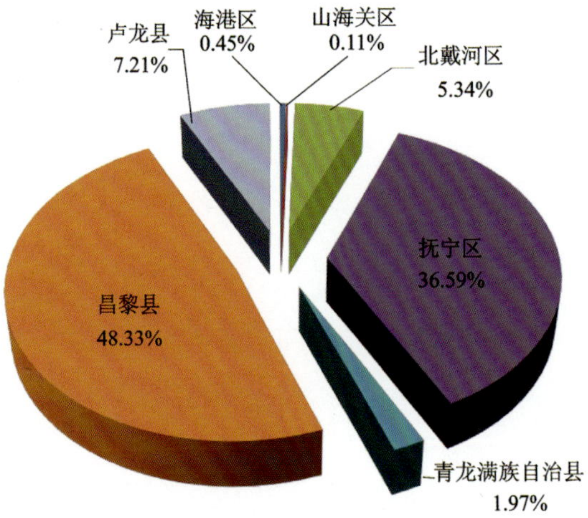

图 5-4　秦皇岛市水田分布统计图

二、水浇地

秦皇岛市水浇地(图 5-5)面积 59 645.06 公顷,占全市耕地总面积的 34.48%。

图 5-5　水浇地景观

按行政区域分析,水浇地主要分布在昌黎县,面积 41 935.07 公顷,占全市水浇地总面积的 70.30%;其次是卢龙县,面积 8 687.84 公顷,占全市水浇地总面积的 14.56%;第三位是抚宁区,面积 6 101.87 公顷,占全市水浇地总面积的 10.23%。青龙满族自治县仅有水浇地 164.37 公顷,占全市水浇地总面积的 0.28%,在全市水浇地面积县域分布中属于最少。

按水浇地占本辖区耕地总面积的比例分析，占比最高的也是昌黎县，为71.51%；其次是北戴河区，为46.81%，第三位是山海关区，为44.73%。青龙满族自治县、海港区和卢龙县最低，占比分别为0.66%、4.24%和19.35%。全市水浇地分布情况详见表5-3和图5-6。

表 5-3 秦皇岛市水浇地分布统计表

行政区域	水浇地面积/公顷	占本辖区耕地总面积的比例/%	占全市水浇地总面积的比例/%
秦皇岛市	59 645.06	34.48	100.00
海港区	391.03	4.24	0.66
山海关区	940.62	44.73	1.58
北戴河区	1 424.26	46.81	2.39
抚宁区	6 101.87	20.14	10.23
青龙满族自治县	164.37	0.66	0.28
昌黎县	41 935.07	71.51	70.30
卢龙县	8 687.84	19.35	14.56

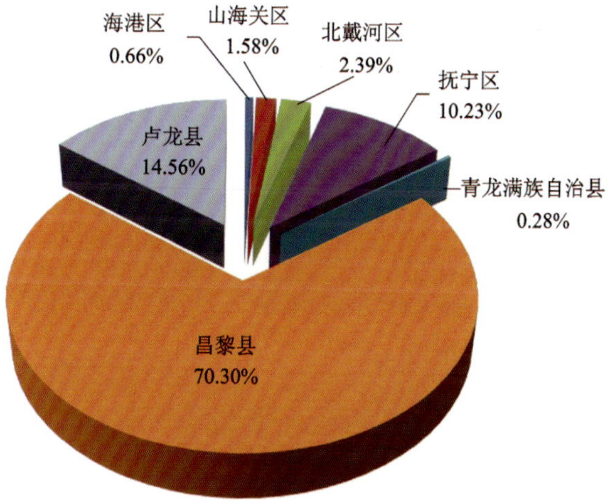

图 5-6 秦皇岛市水浇地分布统计图

三、旱地

秦皇岛市旱地(图5-7)面积103 619.28公顷，占全市耕地总面积的59.90%。

旱地在耕地类型中所占比例最大，遍布全市各地域。按行政区域分析，卢龙县的旱地最多，面积为35 513.27公顷，占全市旱地总面积的34.26%；其次是青龙满族自治县，有旱地24 421.22公顷，占全市旱地总面积的23.57%；第三位是抚宁区，有旱地20 636.89公顷，占全市旱地总面积的19.92%。旱地面积较小的三个县(区)是北戴河区、山海关区和海港区，分别为1 116.07公顷、1 270.77公顷和8 985.23公顷，各占全市旱地总面积的1.06%、1.11%和8.49%。

图 5-7 旱地景观

按旱地占本辖区耕地总面积的比例分析，最高的是青龙满族自治县，为 98.57%；其次为海港区，占比为 95.29%；第三位是卢龙县，占比为 79.09%。昌黎县、北戴河区和山海关区旱地占本辖区耕地总面积的比例较小，分别为 20.47%、36.12%和 54.76%。全市旱地分布情况详见表 5-4 和图 5-8。

表 5-4 秦皇岛市旱地分布统计表

行政区域	旱地面积/公顷	占本辖区耕地总面积的比例/%	占全市旱地总面积的比例/%
秦皇岛市	103 619.28	59.90	100.00
海港区	8 985.23	95.29	8.49
山海关区	1 270.77	54.76	1.11
北戴河区	1 116.07	36.12	1.06
抚宁区	20 636.89	68.12	19.92
青龙满族自治县	24 421.22	98.57	23.57
昌黎县	12 004.55	20.47	11.59
卢龙县	35 513.27	79.09	34.26

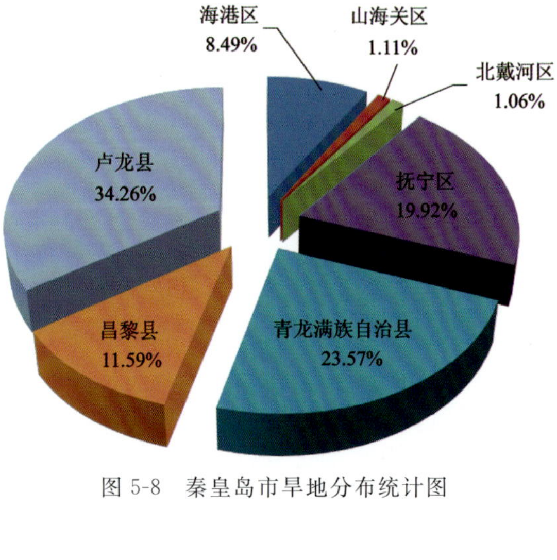

图 5-8 秦皇岛市旱地分布统计图

第六章　种植园用地

第一节　种植园用地面积的分析

根据第三次全国国土调查统一时点更新上报成果显示，秦皇岛市种植园用地（图 6-1）面积为126 568.74 公顷，面积占比居全市一级土地利用类型面积的第三位。

图 6-1　种植园用地景观

第二节　种植园用地分布特点

按行政区域分析，种植园用地面积最大的是青龙满族自治县，有种植园用地 76 813.87 公顷，占全市种植园用地总面积的 60.69%；其次是抚宁区，有种植园用地 20 861.14 公顷，占全市种植园用地总面积的 16.48%；第三位是海港区，有种植园用地 11 322.36 公顷，占全市种植园用地总面积的 8.95%。种植园用地面积最小的是北戴河区和山海关区，其中北戴河区仅有种植园用地 1 042.91 公顷，占全市种植园用地总面积的 0.82%；山海关区有种植园用地 2 682.89 公顷，占全市种植园用地总面积的 2.12%。全市种植园用地分布情况详见表 6-1，图 6-2。

表 6-1　秦皇岛市种植园用地分布统计表

行政区域	种植园用地/公顷	占全市种植园用地总面积的比例/%
秦皇岛市	126 568.74	100.00
海港区	11 322.36	8.95
山海关区	2 682.89	2.12
北戴河区	1 042.91	0.82
抚宁区	20 861.14	16.48
青龙满族自治县	76 813.87	60.69
昌黎县	6 109.56	4.83
卢龙县	7 736.01	6.11

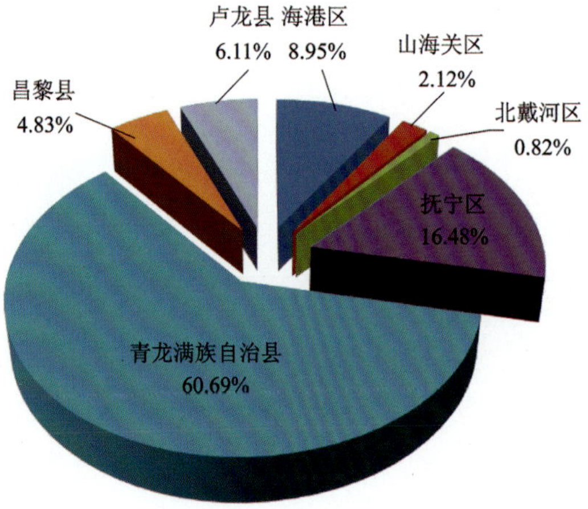

图 6-2　秦皇岛市种植园用地分布统计图

第三节　种植园用地构成分析

根据第三次国土调查分类，秦皇岛市种植园用地中的二级分类有两个，即果园和其他园地，其面积、比例和分布情况如下。

一、果园

秦皇岛市果园面积为 126 034.96 公顷，占全市种植园用地总面积的 99.58%。秦皇岛市果园的种植种类主要有葡萄、苹果、梨、桃子、樱桃等(图 6-3)。

图 6-3　果园景观

按行政区域分析，果园主要分布在青龙满族自治县，面积 76 800.94 公顷，占全市果园总面积的 60.93%；其次是抚宁区，面积 20 823.36 公顷，占全市果园总面积的 16.52%；第三位是海港区，面积 11 316.60 公顷，占全市果园总面积的 8.98%。其他县(区)的果园面积较少，合计仅占全市果园总面积的 13.57%。其中，北戴河区仅有果园 895.85 公顷，占全市果园总面积的 0.71%。

按果园占本辖区种植园用地总面积的比例分析，占比最高的分别是卢龙县、青龙满族自治县和山海关区，占比分别为 100%、99.98%和 99.97%。北戴河区、昌黎县和抚宁区最低，占比分别为 85.90%、94.61%和 99.82%。由此可见，全市种植园用地大部分都是果园，其他园地占比很小。全市果园分布情况详见表 6-2 和图 6-4。

表 6-2　秦皇岛市果园分布统计表

行政区域	果园面积/公顷	占本辖区种植园用地面积的比例/%	占全市果园总面积的比例/%
秦皇岛市	126 034.96	99.58	100.00
海港区	11 316.60	99.95	8.98
山海关区	2 682.19	99.97	2.13
北戴河区	895.85	85.90	0.71
抚宁区	20 823.36	99.82	16.52
青龙满族自治县	76 800.94	99.98	60.93
昌黎县	5 780.01	94.61	4.59
卢龙县	7 736.01	100.00	6.14

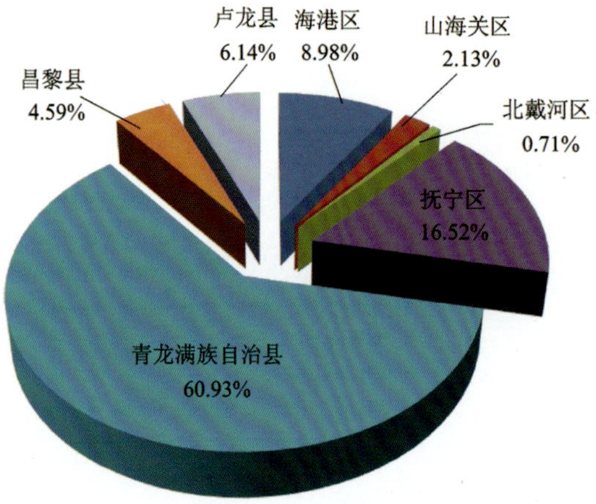

图 6-4 秦皇岛市果园分布统计图

二、其他园地

秦皇岛市其他园地(图 6-5)面积 533.78 公顷,占全市种植园用地总面积的 0.42%。

图 6-5 其他园地景观

按行政区域分析,其他园地主要分布在昌黎县,面积 329.55 公顷,占全市其他园地总面积的 61.74%;其次是北戴河区,面积 147.06 公顷,占全市其他园地总面积的 27.55%;其他县(区)的其他园地面积较少,合计仅占全市其他园地总面积的 10.71%。其中,卢龙县没有其他园地,山海关区仅有 0.70 公顷,占全市其他园地总面积的 0.13%,在全市其他园地面积县域分布中属于最少的。

按其他园地占本辖区种植园用地总面积的比例分析,占比最高的也是北戴河区,为 14.10%;其次是昌黎县,为 5.39%,第三位是抚宁区,为 0.18%。除卢龙县没有其他园地以外,青龙满族自治县、山海关区和海港区最低,占比分别为 0.02%、0.03%和 0.05%。全市其他园地分布情况详见表 6-3 和图 6-6。

表 6-3　秦皇岛市其他园地分布统计表

行政区域	其他园地面积/公顷	占本辖区种植园用地面积的比例/%	占全市其他园地总面积的比例/%
秦皇岛市	533.78	0.42	100.00
海港区	5.76	0.05	1.08
山海关区	0.70	0.03	0.13
北戴河区	147.06	14.10	27.55
抚宁区	37.78	0.18	7.08
青龙满族自治县	12.93	0.02	2.42
昌黎县	329.55	5.39	61.74
卢龙县	0.00	0.00	0.00

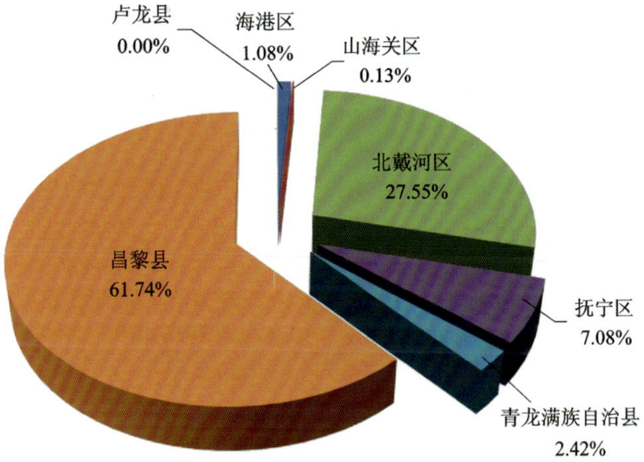

图 6-6　秦皇岛市其他园地分布统计图

第七章　林　地

第一节　林地面积的分析

根据第三次全国国土调查统一时点更新上报成果显示，秦皇岛市林地(图 7-1)面积为 277 954.60 公顷，面积占比居全市一级土地利用类型面积的第一位。

图 7-1　林地景观

第二节　林地分布特点

全市 7 县(区)均有林地分布。林地面积以青龙满族自治县、抚宁区最多，其中青龙满族自治县林地面积为 181 182.33 公顷，占全市林地总面积的 65.18%，居全市各县(区)之首；其次为抚宁区，林地面积为 30 080.05 公顷，占全市林地总面积的 10.82%；再次为海港区，林地面积为 24 346.83 公顷，占全市林地总面积的 8.76%。林地面积最少的是北戴河区，林地面积为 4 191.31 公顷，仅占全市林地总面积的 1.51%。全市林地分布情况详见表 7-1 和图 7-2。

表 7-1　秦皇岛市林地分布统计表

行政区域	林地面积/公顷	占全市林地总面积的比例/%
秦皇岛市	27 7954.60	100.00
海港区	24 346.83	8.76
山海关区	5 745.08	2.07
北戴河区	4 191.31	1.51
抚宁区	30 080.05	10.82
青龙满族自治县	181 182.33	65.18
昌黎县	16 788.01	6.04
卢龙县	15 620.99	5.62

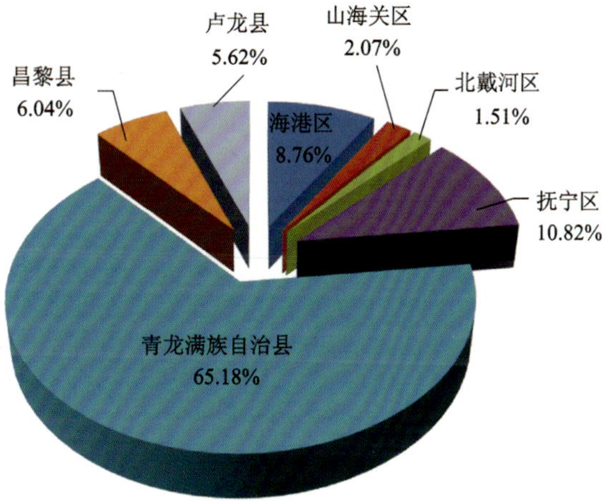

图 7-2　秦皇岛市林地分布统计图

第三节　林地构成分析

秦皇岛市林地分为乔木林地、灌木林地和其他林地 3 种类型，没有竹林地，其中乔木林地所占比例最大。下面对这 3 种类型进行分析对比。

一、乔木林地

秦皇岛市乔木林地(图 7-3)面积为 146 274.23 公顷，占全市林地总面积的 52.62%。

图 7-3　乔木林地景观

按行政区域分析，乔木林地主要分布在青龙满族自治县，面积 92 315.03 公顷，占全市乔木林地总面积的 63.11%；其次是抚宁区，面积 15 195.63 公顷，占全市乔木林地总面积的 10.39%；第三位是海港区，面积 13 314.00 公顷，占全市乔木林地总面积的 9.10%。其他县(区)的乔木林地面积较少。其中，北戴河区的乔木林地面积最少，为 1 915.07 公顷，占全市乔木林地总面积的 1.31%；次少的是山海关区，有乔木林地 4 411.42 公顷，占全市乔木林地总面积的 3.02%；第三少的是昌黎县，有乔木林地 6 778.62 公顷，占全市乔木林地总面积的 4.63%。

按乔木林地占本辖区林地总面积的比例分析，占比最高的是卢龙县，为 79.02%；其次是山海关区，为 76.79%，第三位是海港区，为 54.68%。昌黎县、北戴河区和抚宁区最低，占比分别为 40.38%、45.69%和 50.51%。全市乔木林地分布情况详见表 7-2 和图 7-4。

表 7-2　秦皇岛市乔木林地分布统计表

行政区域	乔木林地面积/公顷	占本辖区林地总面积的比例/%	占全市乔木林地总面积的比例/%
秦皇岛市	146 274.23	52.62	100.00
海港区	13 314.00	54.68	9.10
山海关区	4 411.42	76.79	3.02
北戴河区	1 915.07	45.69	1.31
抚宁区	15 195.63	50.51	10.39
青龙满族自治县	92 315.03	50.95	63.11
昌黎县	6 778.62	40.38	4.63
卢龙县	12 344.46	79.02	8.44

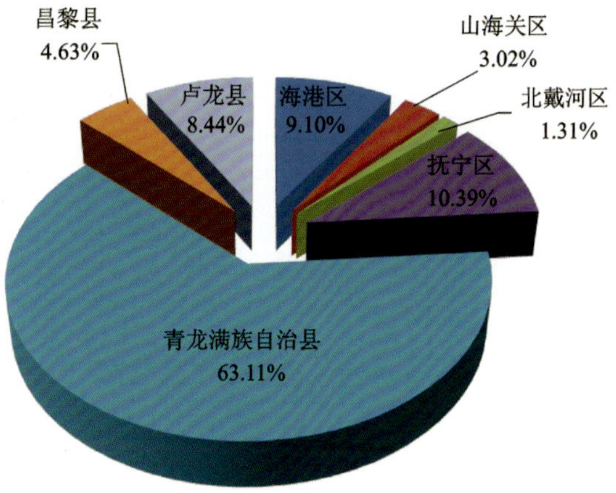

图 7-4　秦皇岛市乔木林地分布统计图

二、灌木林地

秦皇岛市灌木林地(图 7-5)面积为 89 852.60 公顷，占全市林地总面积的 32.33%。

图 7-5　灌木林地景观

按行政区域分析，灌木林地主要分布在青龙满族自治县，面积 75 478.22 公顷，占全市灌木林地总面积的 84.01%；其次是海港区，面积 7 557.30 公顷，占全市灌木林地总面积的 8.41%；第三位是抚宁区，面积 5 284.04 公顷，占全市灌木林地总面积的 5.88%。其他县(区)的灌木林地面积较少，共占全市灌木林地总面积的 1.70%。其中，北戴河区的灌木林地面积最少，仅有 3.93 公顷，占全市灌木林地总面积的比例不足 0.01%；次少的是昌黎县，有灌木林地 44.92 公顷，占全市灌木林地总面积的 0.05%；第三少的是山海关区，有灌木林地 596.92 公顷，占全市灌木林地总面积的 0.66%。

按灌木林地占本辖区林地总面积的比例分析，占比最高的是青龙满族自治县，为 41.66%；其次是海港区，为 31.04%，第三位是抚宁区，为 17.57%。北戴河区、昌黎县和卢龙县最低，占比分别为 0.09%、0.27%和 5.68%。全市灌木林地分布情况详见表 7-3 和图 7-6。

表 7-3　秦皇岛市灌木林地分布统计表

行政区域	灌木林地面积/公顷	占本辖区林地总面积的比例/%	占全市灌木林地总面积的比例/%
秦皇岛市	89 852.60	32.33	100.00
海港区	7 557.30	31.04	8.41
山海关区	596.92	10.39	0.66
北戴河区	3.93	0.09	0.00
抚宁区	5 284.04	17.57	5.88
青龙满族自治县	75 478.22	41.66	84.01
昌黎县	44.92	0.27	0.05
卢龙县	887.27	5.68	0.99

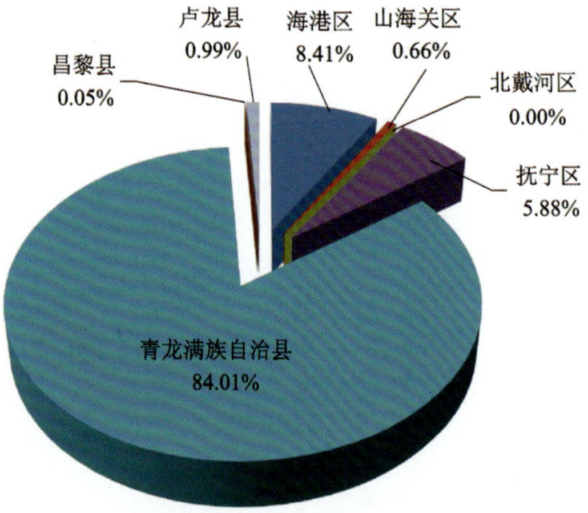

图 7-6　秦皇岛市灌木林地分布统计图

三、其他林地

秦皇岛市其他林地(图 7-7)面积为 41 827.77 公顷,占全市林地总面积的 15.05%。

图 7-7　其他林地景观

按行政区域分析，其他林地主要分布在青龙满族自治县，面积 13 389.08 公顷，占全市其他林地总面积的 32.02%；其次是昌黎县，面积 9 964.47 公顷，占全市其他林地总面积的 23.82%；第三位是抚宁区，面积 9 600.38 公顷，占全市其他林地总面积的 22.95%。其他县（区）的其他林地面积较少，共占全市其他林地总面积的 21.21%。其中，山海关区的其他林地面积最少，有 736.74 公顷，占全市其他林地总面积的 1.76%；次少的是北戴河区，有其他林地 2 272.31 公顷，占全市其他林地总面积的 5.43%；第三少的是卢龙县，有其他林地 2 389.26 公顷，占全市其他林地总面积的 5.71%。

按其他林地占本辖区林地总面积的比例分析，占比最高的是昌黎县，为 59.35%；其次是北戴河区，为 54.22%，第三位是抚宁区，为 31.92%。青龙满族自治县、山海关区和海港区最低，占比分别为 7.39%、12.82%和 14.28%。全市其他林地分布情况详见表 7-4 和图 7-8。

表 7-4　秦皇岛市其他林地分布统计表

行政区域	其他林地面积/公顷	占本辖区林地总面积的比例/%	占全市其他林地总面积的比例/%
秦皇岛市	41 827.77	15.05	100.00
海港区	3 475.53	14.28	8.31
山海关区	736.74	12.82	1.76
北戴河区	2 272.31	54.22	5.43
抚宁区	9 600.38	31.92	22.95
青龙满族自治县	13 389.08	7.39	32.02
昌黎县	9 964.47	59.35	23.82
卢龙县	2 389.26	15.30	5.71

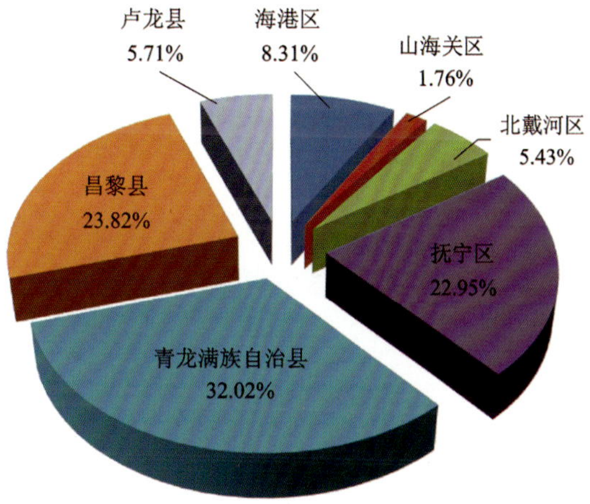

图 7-8　秦皇岛市其他林地分布统计图

第八章　草　地

第一节　草地面积的分析

根据第三次全国国土调查统一时点更新上报成果显示，秦皇岛市草地（图 8-1）面积为 56 110.76 公顷，面积占比居全市一级土地利用类型面积的第五位。

图 8-1　草地景观

第二节　草地分布特点

按行政区域分析，草地面积最多的是青龙满族自治县，有草地 38 300.93 公顷，占全市草地总面积的 68.26％；其次为卢龙县，草地面积为 6 685.90 公顷，占全市草地总面积的 11.92％；再次为抚宁区，草地面积为 4 516.25 公顷，占全市草地总面积的 8.05％。其他各县（区）草地面积较少，最少的是北戴河区，草地面积为 204.55 公顷，仅占全市草地总面积的 0.36％；次少的是山海关区，有草地 645.18 公顷，占全市草地总面积的 1.15％；第三少的是昌黎县，有草地 1 786.25 公顷，占全市草地总面积的 3.18％。全市草地分布情况详见表 8-1 和图 8-2。

表 8-1　秦皇岛市草地分布统计表

行政区域	草地面积/公顷	占全市草地总面积的比例/%
秦皇岛市	56 110.76	100.00
海港区	3 971.70	7.08
山海关区	645.18	1.15
北戴河区	204.55	0.36
抚宁区	4 516.25	8.05
青龙满族自治县	38 300.93	68.26
昌黎县	1 786.25	3.18
卢龙县	6 685.90	11.92

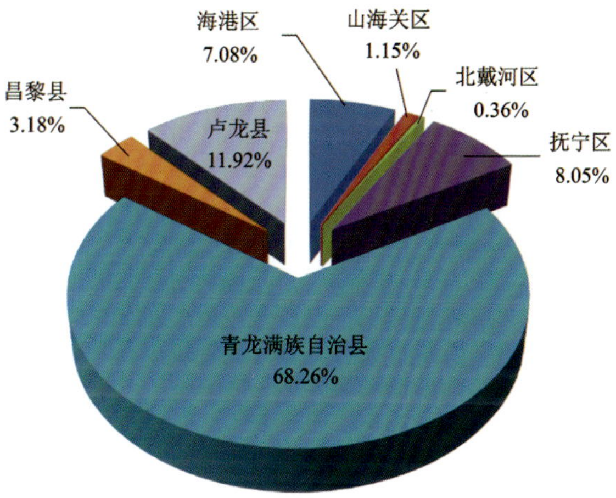

图 8-2　秦皇岛市草地分布统计图

第三节　草地构成分析

秦皇岛市草地分为人工牧草地和其他草地两种类型，没有天然牧草地，其中其他草地所占比例最大。下面对这两种类型进行分析对比。

一、人工牧草地

秦皇岛市人工牧草地(图 8-3)面积仅有 0.27 公顷，占全市草地总面积的比例不足 0.01%。

图 8-3　人工牧草地景观

秦皇岛市人工牧草地只分布在海港区，面积 0.27 公顷，占全市人工牧草地总面积的 100%；其他各县(区)无人工牧草地分布。

按人工牧草地占本辖区草地总面积的比例分析，海港区的占比为 0.01%。全市人工牧草地分布情况详见表 8-2 和图 8-4。

表 8-2　秦皇岛市人工牧草地分布统计表

行政区域	人工牧草地面积/公顷	占本辖区草地总面积的比例/%	占全市人工牧草地总面积的比例/%
秦皇岛市	0.27	0.00	100.00
海港区	0.27	0.01	100.00
山海关区	0.00	0.00	0.00
北戴河区	0.00	0.00	0.00
抚宁区	0.00	0.00	0.00
青龙满族自治县	0.00	0.00	0.00
昌黎县	0.00	0.00	0.00
卢龙县	0.00	0.00	0.00

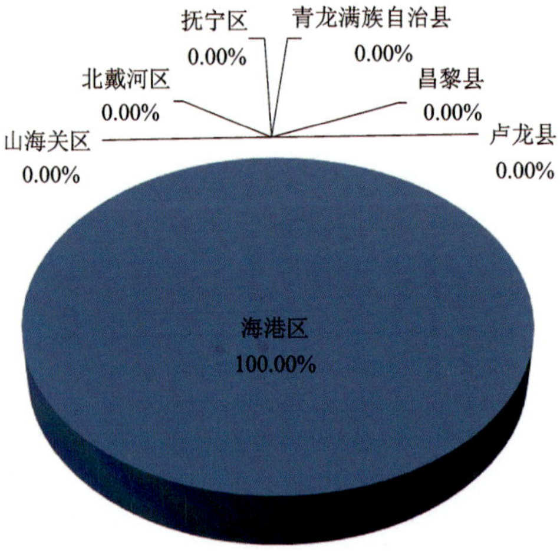

图 8-4　秦皇岛市人工牧草地分布统计图

二、其他草地

秦皇岛市其他草地(图 8-5)面积为 56 110.49 公顷,约占全市草地总面积的 100%。

图 8-5　其他草地景观

按行政区域分析,其他草地主要分布在青龙满族自治县,面积 38 300.93 公顷,占全市其他草地总面积的 68.26%;其次是卢龙县,面积为 6 685.90 公顷,占全市其他草地总面积的 11.92%;第三位是抚宁区,面积 4 516.25 公顷,占全市其他草地总面积的 8.05%。其他县(区)的其他草地面积较少,共占全市其他草地总面积的 11.77%。其中,北戴河区的其他草地面积最少,仅有 204.55 公顷,占全市其他草地总面积的 0.36%;次少的是山海关区,有其他草地 645.18 公顷,占全市其他草地总面积的 1.15%;第三少的是昌黎县,有其他草地 1 786.25 公顷,占全市其他草地总面积的 3.18%。

按其他草地占本辖区草地总面积的比例分析,除了海港区有 0.01%的人工牧草地,其他各县(区)的全部是其他草地。因此,除海港区占本辖区草地总面积的比例为 99.99%,其他各县(区)均为 100%。全市其他草地分布情况详见表 8-3 和图 8-6。

表 8-3　秦皇岛市其他草地分布统计表

行政区域	其他草地面积/公顷	占本辖区草地总面积的比例/%	占全市其他草地总面积的比例/%
秦皇岛市	56 110.49	100.00	100.00
海港区	3 971.43	99.99	7.08
山海关区	645.18	100.00	1.15
北戴河区	204.55	100.00	0.36
抚宁区	4 516.25	100.00	8.05
青龙满族自治县	38 300.93	100.00	68.26
昌黎县	1 786.25	100.00	3.18
卢龙县	6 685.90	100.00	11.92

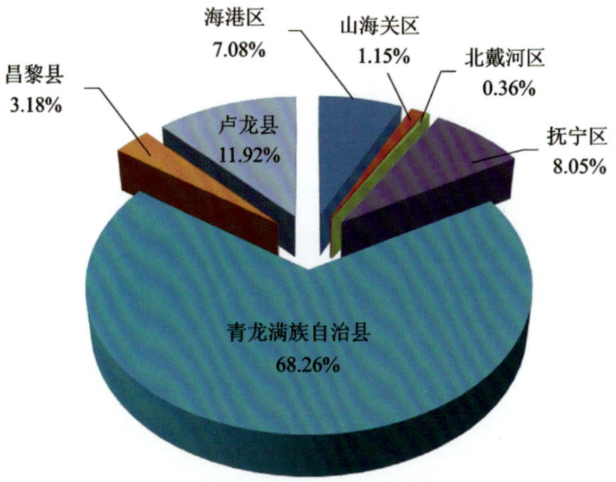

图 8-6　秦皇岛市其他草地分布统计图

第九章　城镇村及工矿用地

第一节　城镇村及工矿用地面积的分析

根据第三次全国国土调查统一时点更新上报成果显示，秦皇岛市城镇村及工矿用地（图 9-1）面积为 85 924.53 公顷，面积占比居全市一级土地利用类型面积的第四位。

图 9-1　城镇村及工矿用地景观

第二节　城镇村及工矿用地分布特点

按行政区域分析，城镇村及工矿用地面积最多的是昌黎县，有城镇村及工矿用地 20 938.69 公顷，占全市城镇村及工矿用地总面积的 24.37%；其次为海港区，城镇村及工矿用地面积为 17 706.26 公顷，占全市城镇村及工矿用地总面积的 20.61%；第三位是青龙满族自治县，城镇村及工矿用地面积为 13 889.40 公顷，占全市城镇村及工矿用地总面积的 16.16%。城镇村及工矿用地面积最少的是山海关区，城镇村及工矿用地面积为 4 955.34 公顷，仅占全市城镇村及工矿用地总面积的 5.77%；次少的是北戴河区，有城镇村及工矿用地 5 202.59 公顷，占全市城镇村及工矿用地总面积的 6.05%；第三少的是抚宁区，有城镇村及工矿用地 10 478.53 公顷，占全市城镇村及工矿用地总面积的 12.20%。全市城镇村及工矿用地分布情况详见表 9-1 和图 9-2。

表 9-1　秦皇岛市城镇村及工矿用地分布统计表

行政区域	城镇村及工矿用地面积/公顷	占全市城镇村及工矿用地总面积的比例/%
秦皇岛市	85 924.53	100.00
海港区	17 706.26	20.61
山海关区	4 955.34	5.77
北戴河区	5 202.59	6.05
抚宁区	10 478.53	12.20
青龙满族自治县	13 889.40	16.16
昌黎县	20 938.69	24.37
卢龙县	12 753.72	14.84

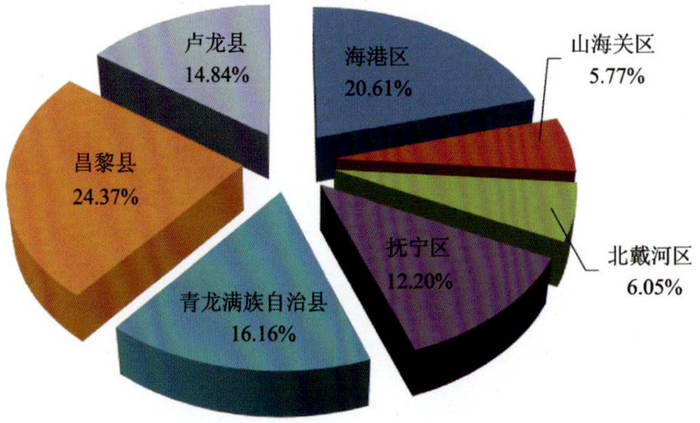

图 9-2　秦皇岛市城镇村及工矿用地分布统计图

第三节　城镇村及工矿用地构成分析

秦皇岛市城镇村及工矿用地分为城市、建制镇、村庄、盐田及采矿用地和风景名胜及特殊用地 5 种类型，其中村庄所占比例较大。下面对这 5 种类型进行分析对比。

一、城市

秦皇岛市城市(图 9-3)面积有 12 661.60 公顷，占全市城镇村及工矿用地总面积的 14.74%。

秦皇岛市城市在全市均有分布，其中所占面积最大的是海港区，有 7 754.31 公顷，占全市城市总面积的 61.24%；其次是山海关区，面积 2 388.85 公顷，占全市城市总面积的 18.87%；第三位是北戴河区，面积 1 908.25 公顷，占全市城市总面积的 15.07%；第四位是抚宁区，面积 610.19 公顷，占全市城市总面积的 4.82%。青龙满族自治县、昌黎县和卢龙县没有城市分布。

按城市占本辖区城镇村及工矿用地总面积的比例分析，占比最高的是山海关区，为 48.21%；其次是海港区，占比为 43.80%；再次是北戴河区，占比为 36.68%。全市城市分布情况详见表 9-2 和图 9-4。

图 9-3　城市景观

表 9-2　秦皇岛市城市分布统计表

行政区域	城市面积/公顷	占本辖区城镇村及工矿用地总面积的比例/%	占全市城市总面积的比例/%
秦皇岛市	12 661.60	14.74	100.00
海港区	7 754.31	43.80	61.24
山海关区	2 388.85	48.21	18.87
北戴河区	1 908.25	36.68	15.07
抚宁区	610.19	5.82	4.82
青龙满族自治县	0.00	0.00	0.00
昌黎县	0.00	0.00	0.00
卢龙县	0.00	0.00	0.00

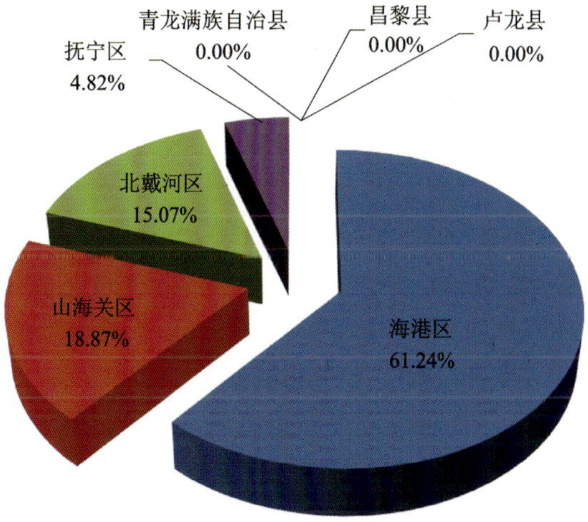

图 9-4　秦皇岛市城市分布统计图

二、建制镇

秦皇岛市建制镇(图 9-5)面积有 10 227.22 公顷,占全市城镇村及工矿用地总面积的 11.90%。

图 9-5　建制镇景观

秦皇岛市建制镇主要分布在昌黎县,面积有 3 823.96 公顷,占全市建制镇总面积的 37.40%;其次是卢龙县,面积 1 862.66 公顷,占全市建制镇总面积的 18.21%;第三位是青龙满族自治县,面积 1 317.16 公顷,占全市建制镇总面积的 12.88%。建制镇面积最少的是山海关区,有建制镇 42.04 公顷,占全市建制镇总面积的 0.41%;次少的是抚宁区,有建制镇 830.57 公顷,占全市建制镇总面积的 8.12%;第三少的是北戴河区,有建制镇 1 047.57 公顷,占全市建制镇总面积的 10.24%。

按建制镇占本辖区城镇村及工矿用地总面积的比例分析,占比最高的是北戴河区,为 20.14%;其次是昌黎县,占比为 18.26%;再次是卢龙县,占比为 14.60%。山海关区、海港区和抚宁区最低,占比分别为 0.85%、7.36%和 7.93%。全市建制镇分布情况详见表 9-3 和图 9-6。

表 9-3　秦皇岛市建制镇分布统计表

行政区域	建制镇面积/公顷	占本辖区城镇村及工矿用地总面积的比例/%	占全市建制镇总面积的比例/%
秦皇岛市	10 227.22	11.90	100.00
海港区	1 303.26	7.36	12.74
山海关区	42.04	0.85	0.41
北戴河区	1 047.57	20.14	10.24
抚宁区	830.57	7.93	8.12
青龙满族自治县	1 317.16	9.48	12.88
昌黎县	3 823.96	18.26	37.40
卢龙县	1 862.66	14.60	18.21

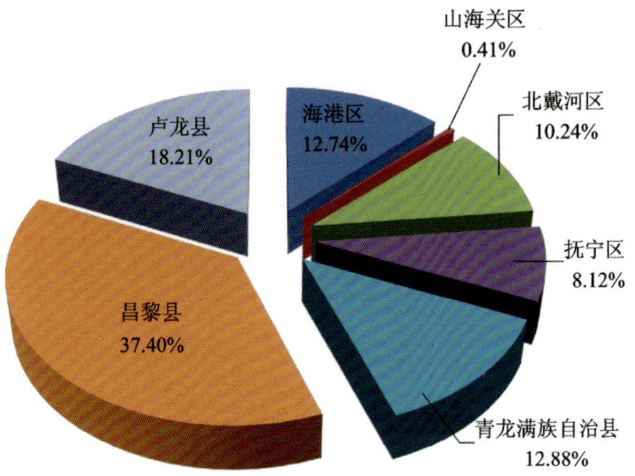

图 9-6　秦皇岛市建制镇分布统计图

三、村庄

秦皇岛市村庄(图 9-7)面积有 55 714.21 公顷,占全市城镇村及工矿用地总面积的 64.84%。

图 9-7　村庄景观

按行政区域分析,村庄主要分布在昌黎县,面积有 15 714.89 公顷,占全市村庄总面积的 28.20%;其次是青龙满族自治县,面积 10 163.09 公顷,占全市村庄总面积的 18.24%;第三位是卢龙县,面积 9 955.20 公顷,占全市村庄总面积的 17.87%。村庄面积最少的是山海关区,有村庄 1 937.54 公顷,占全市村庄总面积的 3.48%;次少的是北戴河区,有村庄 2 059.56 公顷,占全市村庄总面积的 3.70%;第三少的是海港区,有村庄 7 234.92 公顷,占全市村庄总面积的 12.99%。

按村庄占本辖区城镇村及工矿用地总面积的比例分析,占比最高的是抚宁区,为 82.54%;其次是卢龙县,占比为 78.06%;再次是昌黎县,占比为 75.06%。山海关区、北戴河区和海港区最低,占比分别为 39.10%、39.59%和 40.86%。全市村庄分布情况详见表 9-4 和图 9-8。

表 9-4　秦皇岛市村庄分布统计表

行政区域	村庄面积/公顷	占本辖区城镇村及工矿用地总面积的比例/%	占全市村庄总面积的比例/%
秦皇岛市	55 714.21	64.84	100.00
海港区	7 234.92	40.86	12.99
山海关区	1 937.54	39.10	3.48
北戴河区	2 059.56	39.59	3.70
抚宁区	8 649.01	82.54	15.52
青龙满族自治县	10 163.09	73.17	18.24
昌黎县	15 714.89	75.06	28.20
卢龙县	9 955.20	78.06	17.87

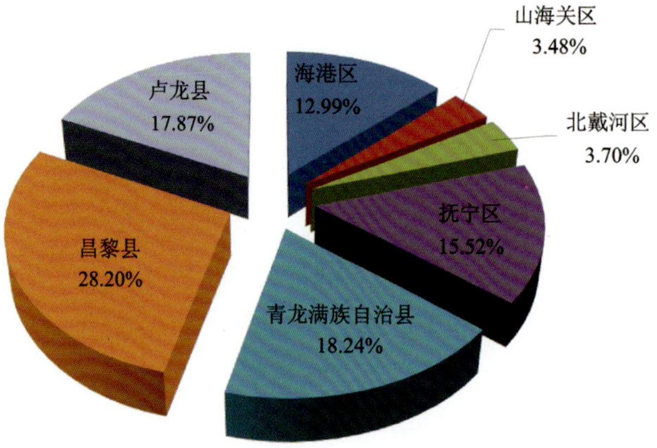

图 9-8　秦皇岛市村庄分布统计图

四、盐田及采矿用地

秦皇岛市盐田及采矿用地(图 9-9)面积有 4 993.33 公顷，占全市城镇村及工矿用地总面积的 5.81%。

图 9-9　盐田及采矿用地景观

按行政区域分析，盐田及采矿用地主要分布在青龙满族自治县，面积有 2 372.03 公顷，占全市盐田及采矿用地总面积的 47.50%；其次是海港区，面积 1 098.55 公顷，占全市盐田及采矿用地总面积的 22.00%；第三位是卢龙县，面积 853.99 公顷，占全市盐田及采矿用地总面积的 17.10%。盐田及采矿用地面积最少的是北戴河区，仅有盐田及采矿用地 8.00 公顷，占全市盐田及采矿用地总面积的0.16%；次少的是山海关区，有盐田及采矿用地 46.21 公顷，占全市盐田及采矿用地总面积的 0.93%；第三少的是抚宁区，有盐田及采矿用地 249.17 公顷，占全市盐田及采矿用地总面积的 4.99%。

按盐田及采矿用地占本辖区城镇村及工矿用地总面积的比例分析，占比最高的是青龙满族自治县，为 17.08%；其次是卢龙县，占比为 6.70%；再次是海港区，占比为 6.20%。北戴河区、山海关区和昌黎县最低，占比分别为 0.15%、0.93%和 1.74%。全市盐田及采矿用地分布情况详见表 9-5 和图 9-10。

表 9-5　秦皇岛市盐田及采矿用地分布统计表

行政区域	盐田及采矿用地面积/公顷	占本辖区城镇村及工矿用地总面积的比例/%	占全市盐田及采矿用地总面积的比例/%
秦皇岛市	4 993.33	5.81	100.00
海港区	1 098.55	6.20	22.00
山海关区	46.21	0.93	0.93
北戴河区	8.00	0.15	0.16
抚宁区	249.17	2.38	4.99
青龙满族自治县	2 372.03	17.08	47.50
昌黎县	365.38	1.74	7.32
卢龙县	853.99	6.70	17.10

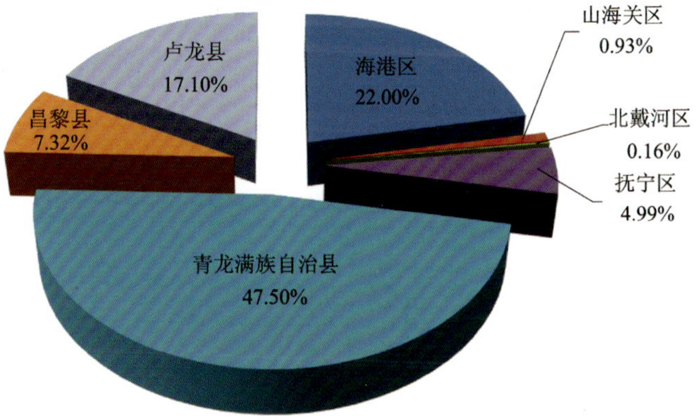

图 9-10　秦皇岛市盐田及采矿用地分布统计图

五、风景名胜及特殊用地

秦皇岛市风景名胜及特殊用地（图 9-11）面积有 2 328.17 公顷，占全市城镇村及工矿用地总面积的 2.71%。

图 9-11　风景名胜及特殊用地景观

按行政区域分析，风景名胜及特殊用地主要分布在昌黎县，面积有 1 034.46 公顷，占全市风景名胜及特殊用地总面积的 44.43%；其次是山海关区，面积 540.70 公顷，占全市风景名胜及特殊用地总面积的 23.22%；第三位是海港区，面积 315.22 公顷，占全市风景名胜及特殊用地总面积的 13.54%。风景名胜及特殊用地面积最少的是青龙满族自治县，有风景名胜及特殊用地 37.12 公顷，占全市风景名胜及特殊用地总面积的 1.59%；次少的是卢龙县，有风景名胜及特殊用地 81.87 公顷，占全市风景名胜及特殊用地总面积的 3.52%；第三少的是抚宁区，有风景名胜及特殊用地 139.59 公顷，占全市风景名胜及特殊用地总面积的 6.00%。

按风景名胜及特殊用地占本辖区城镇村及工矿用地总面积的比例分析，占比最高的是山海关区，为 10.91%；其次是昌黎县，占比为 4.94%；再次是北戴河区，占比为 3.44%。青龙满族自治县、卢龙县和抚宁区最低，占比分别为 0.27%、0.64%和 1.33%。全市风景名胜及特殊用地分布情况详见表 9-6 和图 9-12。

表 9-6　秦皇岛市风景名胜及特殊用地分布统计表

行政区域	风景名胜及特殊用地面积/公顷	占本辖区城镇村及工矿用地总面积的比例/%	占全市风景名胜及特殊用地总面积的比例/%
秦皇岛市	2 328.17	2.71	100.00
海港区	315.22	1.78	13.54
山海关区	540.70	10.91	23.22
北戴河区	179.21	3.44	7.70
抚宁区	139.59	1.33	6.00
青龙满族自治县	37.12	0.27	1.59
昌黎县	1 034.46	4.94	44.43
卢龙县	81.87	0.64	3.52

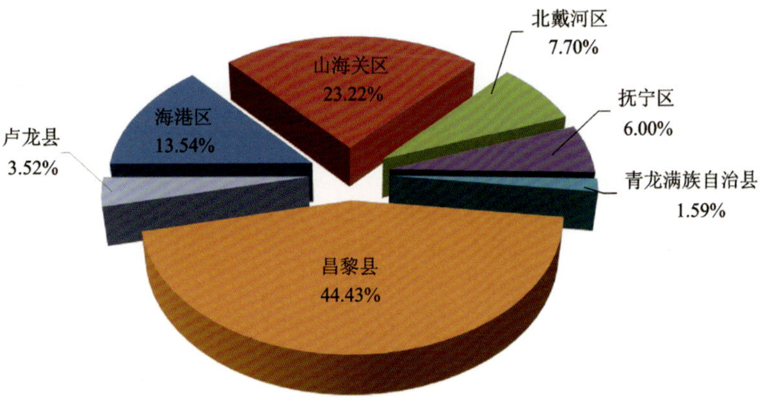

图 9-12　秦皇岛市风景名胜及特殊用地分布统计图

第十章　交通运输用地

第一节　交通运输用地面积的分析

根据第三次全国国土调查统一时点更新上报成果显示，秦皇岛市交通运输用地（图 10-1）面积为16 250.10公顷，面积占比居全市一级土地利用类型面积的第七位。

图 10-1　交通运输用地景观

第二节　交通运输用地分布特点

按行政区域分析，交通运输用地面积最多的是昌黎县，有交通运输用地 3 629.92 公顷，占全市交通运输用地总面积的 22.34％；其次为青龙满族自治县，交通运输用地面积为 3 037.13 公顷，占全市交通运输用地总面积的 18.69％；第三位是抚宁区，交通运输用地面积为 2 819.42 公顷，占全市交通运输用地总面积的 17.35％。交通运输用地面积最少的是北戴河区，交通运输用地面积为 1 037.82 公顷，仅占全市交通运输用地总面积的 6.39％；次少的是山海关区，有交通运输用地 1 162.33 公顷，占全市交通运输用地总面积的 7.15％；第三少的是卢龙县，有交通运输用地 1 914.15 公顷，占全市交通运输用地总面积的 11.78％。全市交通运输用地分布情况详见表 10-1 和图 10-2。

表 10-1　秦皇岛市交通运输用地分布统计表

行政区域	交通运输用地面积/公顷	占全市交通运输用地总面积的比例/%
秦皇岛市	16 250.10	100.00
海港区	2 649.33	16.30
山海关区	1 162.33	7.15
北戴河区	1 037.82	6.39
抚宁区	2 819.42	17.35
青龙满族自治县	3 037.13	18.69
昌黎县	3 629.92	22.34
卢龙县	1 914.15	11.78

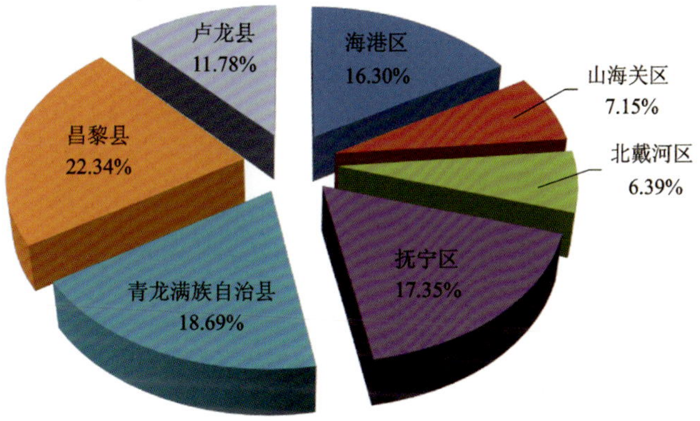

图 10-2　秦皇岛市交通运输用地分布统计图

第三节　交通运输用地构成分析

根据第三次全国国土调查分类，秦皇岛市交通运输用地中的二级分类有 6 个，即铁路用地、公路用地、农村道路、机场用地、港口码头用地和管道运输用地，没有轨道交通用地，其面积、比例和分布情况如下。

一、铁路用地

秦皇岛市铁路用地（图 10-3）面积为 2 229.92 公顷，占全市交通运输用地总面积的 13.72%，居全市交通运输用地面积的第三位。

图 10-3　铁路用地景观

按行政区域分析，铁路用地主要分布在海港区，面积 929.26 公顷，占全市铁路用地总面积的 41.68%；其次是山海关区，面积 348.18 公顷，占全市铁路用地总面积的 15.61%；第三位是抚宁区，面积 313.46 公顷，占全市铁路用地总面积的 14.06%。铁路用地面积最少的是青龙满族自治县，仅有铁路用地 3.49 公顷，占全市铁路用地总面积的 0.16%；次少的是北戴河区，有铁路用地 157.75 公顷，占全市铁路用地总面积的 7.07%；第三少的是昌黎县，有铁路用地 179.10 公顷，占全市铁路用地总面积的 8.03%。

按铁路用地占本辖区交通运输用地总面积的比例分析，占比最高的是海港区，为 35.08%；其次是山海关区，占比为 29.96%；再次是卢龙县，占比为 15.60%。青龙满族自治县、昌黎县和抚宁区最低，占比分别为 0.11%、4.93%和 11.12%。全市铁路用地分布情况详见表 10-2 和图 10-4。

表 10-2　秦皇岛市铁路用地分布统计表

行政区域	铁路用地面积/公顷	占本辖区交通运输用地面积的比例/%	占全市铁路用地总面积的比例/%
秦皇岛市	2 229.92	13.72	100.00
海港区	929.26	35.08	41.68
山海关区	348.18	29.96	15.61
北戴河区	157.75	15.20	7.07
抚宁区	313.46	11.12	14.06
青龙满族自治县	3.49	0.11	0.16
昌黎县	179.10	4.93	8.03
卢龙县	298.68	15.60	13.39

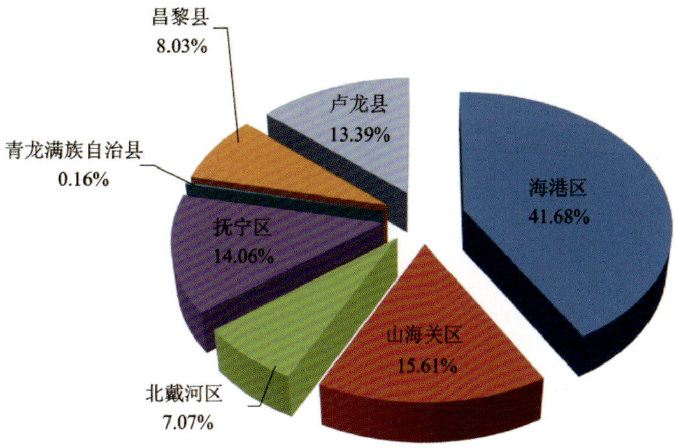

图 10-4 秦皇岛市铁路用地分布统计图

二、公路用地

秦皇岛市公路用地(图 10-5)面积为 7 131.33 公顷,占全市交通运输用地总面积的 43.89%,居全市交通运输用地面积的第一位。

图 10-5 公路用地景观

按行政区域分析,公路用地主要分布在昌黎县,面积 1 688.18 公顷,占全市公路用地总面积的 23.67%;其次是抚宁区,面积 1 541.36 公顷,占全市公路用地总面积的 21.61%;第三位是青龙满族自治县,面积 1 253.42 公顷,占全市公路用地总面积的 17.58%。公路用地面积最少的是山海关区,仅有公路用地 518.35 公顷,占全市公路用地总面积的 7.27%;次少的是北戴河区,有公路用地 646.98 公顷,占全市公路用地总面积的 9.07%;第三少的是卢龙县,有公路用地 690.81 公顷,占全市公路用地总面积的 9.69%。

按公路用地占本辖区交通运输用地总面积的比例分析,占比最高的是北戴河区,为 62.34%;其次是抚宁区,占比为 54.66%;再次是昌黎县,占比为 46.52%。海港区、卢龙县和青龙满族自治县最低,占比分别为 29.90%、36.09%和 41.27%。全市公路用地分布情况详见表 10-3 和图 10-6。

表 10-3　秦皇岛市公路用地分布统计表

行政区域	公路用地面积/公顷	占本辖区交通运输用地面积的比例/%	占全市公路用地总面积的比例/%
秦皇岛市	7 131.33	43.89	100.00
海港区	792.23	29.90	11.11
山海关区	518.35	44.59	7.27
北戴河区	646.98	62.34	9.07
抚宁区	1 541.36	54.66	21.61
青龙满族自治县	1 253.42	41.27	17.58
昌黎县	1 688.18	46.52	23.67
卢龙县	690.81	36.09	9.69

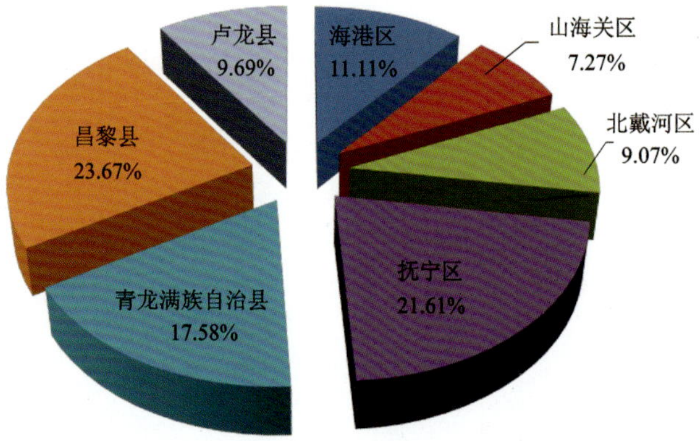

图 10-6　秦皇岛市公路用地分布统计图

三、农村道路

秦皇岛市农村道路(图 10-7)面积为 5 943.03 公顷，占全市交通运输用地总面积的 36.57%，居全市交通运输用地面积的第二位。

图 10-7　农村道路景观

按行政区域分析，农村道路主要分布在青龙满族自治县，面积 1 780.18 公顷，占全市农村道路总面积的 29.95%；其次是昌黎县，面积 1 546.72 公顷，占全市农村道路总面积的 26.03%；第三位是抚宁区，面积 939.65 公顷，占全市农村道路总面积的 15.81%。农村道路面积最少的是山海关区，仅有农村道路 175.76 公顷，占全市农村道路总面积的 2.96%；次少的是北戴河区，有农村道路 214.18 公顷，占全市农村道路总面积的 3.60%；第三少的是海港区，有农村道路 361.88 公顷，占全市农村道路总面积的 6.09%。

按农村道路占本辖区交通运输用地总面积的比例分析，占比最高的是青龙满族自治县，为58.62%；其次是卢龙县，占比为 48.31%；再次是昌黎县，占比为 42.61%。海港区、山海关区和北戴河区最低，占比分别为 13.66%、15.12%和 20.64%。全市农村道路分布情况详见表 10-4 和图 10-8。

表 10-4　秦皇岛市农村道路分布统计表

行政区域	农村道路面积/公顷	占本辖区交通运输用地面积的比例/%	占全市农村道路总面积的比例/%
秦皇岛市	5 943.03	36.57	100.00
海港区	361.88	13.66	6.09
山海关区	175.76	15.12	2.96
北戴河区	214.18	20.64	3.60
抚宁区	939.65	33.33	15.81
青龙满族自治县	1 780.18	58.62	29.95
昌黎县	1 546.72	42.61	26.03
卢龙县	924.66	48.31	15.56

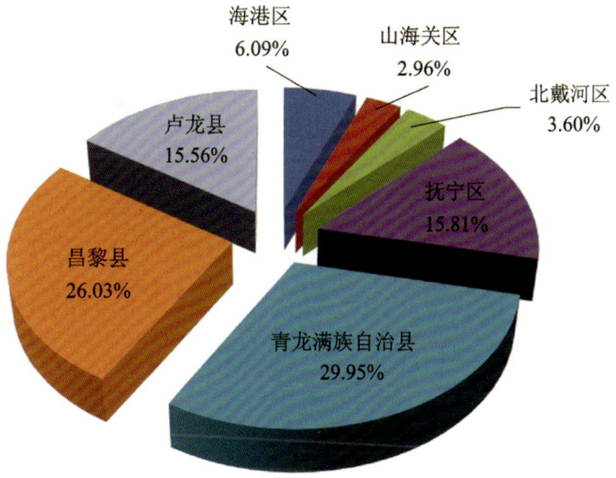

图 10-8　秦皇岛市农村道路分布统计图

四、机场用地

秦皇岛市机场用地（图 10-9）面积为 170.23 公顷，占全市交通运输用地总面积的 1.05%，居全市交通运输用地面积的第五位。

图 10-9　机场用地景观

按行政区域分析，机场用地主要分布在昌黎县，面积 157.51 公顷，占全市机场用地总面积的 92.52%；其次是山海关区，面积 10.77 公顷，占全市机场用地总面积的 6.33%；第三位是海港区，面积 1.95 公顷，占全市机场用地总面积的 1.15%。其他各县(区)没有机场用地。

按机场用地占本辖区交通运输用地总面积的比例分析，占比最高的是昌黎县，为 4.34%；其次是山海关区，占比为 0.93%；再次是海港区，占比为 0.07%。其他各县(区)均为 0.00%。全市机场用地分布情况详见表 10-5 和图 10-10。

表 10-5　秦皇岛市机场用地分布统计表

行政区域	机场用地面积/公顷	占本辖区交通运输用地面积的比例/%	占全市机场用地总面积的比例/%
秦皇岛市	170.23	1.05	100.00
海港区	1.95	0.07	1.15
山海关区	10.77	0.93	6.33
北戴河区	0.00	0.00	0.00
抚宁区	0.00	0.00	0.00
青龙满族自治县	0.00	0.00	0.00
昌黎县	157.51	4.34	92.52
卢龙县	0.00	0.00	0.00

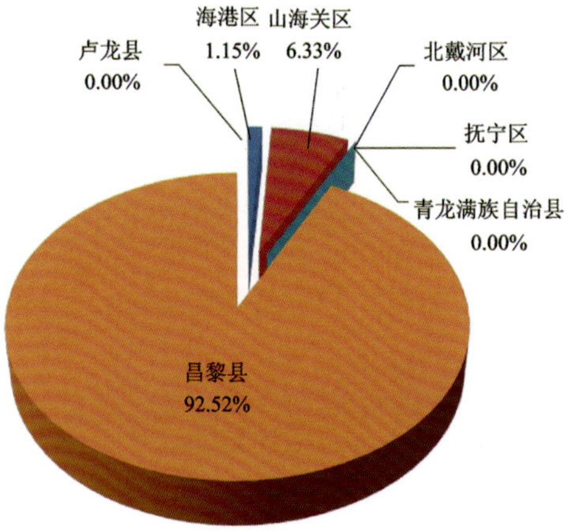

图 10-10　秦皇岛市机场用地分布统计图

五、港口码头用地

秦皇岛市港口码头用地(图 10-11)面积为 757.90 公顷,占全市交通运输用地总面积的 4.66%,居全市交通运输用地面积的第四位。

图 10-11 港口码头用地景观

按行政区域分析,港口码头主要分布在海港区,面积 563.96 公顷,占全市港口码头用地总面积的 74.41%;其次是山海关区,面积 96.21 公顷,占全市港口码头用地总面积的 12.69%;第三位是昌黎县,面积 58.26 公顷,占全市港口码头用地总面积的 7.69%。除了青龙满族自治县和卢龙县没有港口码头用地以外,港口码头用地面积最少的是北戴河区,仅有港口码头用地 18.91 公顷,占全市港口码头用地总面积的 2.50%;其次是抚宁区,有港口码头用地 20.56 公顷,占全市港口码头用地总面积的 2.71%。

按港口码头用地占本辖区交通运输用地总面积的比例分析,占比最高的是海港区,为 21.29%;其次是山海关区,占比为 8.28%;再次是北戴河区,占比为 1.82%。青龙满族自治县、卢龙县和抚宁区最低,占比分别为 0.00%、0.00%和 0.73%。全市港口码头用地分布情况详见表 10-6 和图 10-12。

表 10-6 秦皇岛市港口码头用地分布统计表

行政区域	港口码头用地面积/公顷	占本辖区交通运输用地面积的比例/%	占全市港口码头用地总面积的比例/%
秦皇岛市	757.90	4.66	100.00
海港区	563.96	21.29	74.41
山海关区	96.21	8.28	12.69
北戴河区	18.91	1.82	2.50
抚宁区	20.56	0.73	2.71
青龙满族自治县	0.00	0.00	0.00
昌黎县	58.26	1.60	7.69
卢龙县	0.00	0.00	0.00

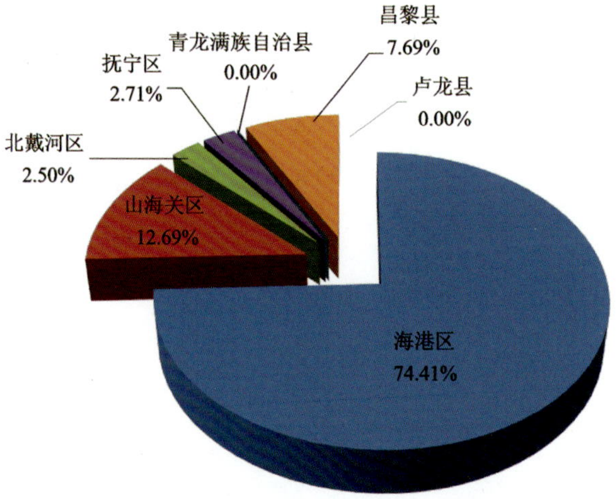

图 10-12　秦皇岛市港口码头用地分布统计图

六、管道运输用地

秦皇岛市管道运输用地(图 10-13)面积为 17.69 公顷,占全市交通运输用地总面积的 0.11%,居全市交通运输用地面积的最后一位。

图 10-13　管道运输用地景观

按行政区域分析,管道运输用地主要分布在山海关区,面积 13.06 公顷,占全市管道运输用地总面积的 73.82%;其次是抚宁区,面积 4.39 公顷,占全市管道运输用地总面积的 24.82%;第三位是昌黎县,面积 0.15 公顷,占全市管道运输用地总面积的 0.85%。除了北戴河区和卢龙县没有管道运输用地以外,管道运输用地最少的是青龙满族自治县,面积 0.04 公顷,占全市管道运输用地总面积的 0.23%,次少的是海港区,有管道运输用地 0.05 公顷,占全市管道运输用地总面积的 0.28%。

按管道运输用地占本辖区交通运输用地总面积的比例分析,占比最高的是山海关区,为 1.12%;其次是抚宁区,占比为 0.16%;昌黎县、海港区和青龙满族自治县的面积太小,占比均不足 0.01%;北戴河区和卢龙县没有管道运输用地,占比为 0.00%。全市管道运输用地分布情况详见表 10-7 和图 10-14。

表 10-7　秦皇岛市管道运输用地分布统计表

行政区域	管道运输用地面积/公顷	占本辖区交通运输用地面积的比例/%	占全市管道运输用地总面积的比例/%
秦皇岛市	17.69	0.11	100.00
海港区	0.05	0.00	0.28
山海关区	13.06	1.12	73.82
北戴河区	0.00	0.00	0.00
抚宁区	4.39	0.16	24.82
青龙满族自治县	0.04	0.00	0.23
昌黎县	0.15	0.00	0.85
卢龙县	0.00	0.00	0.00

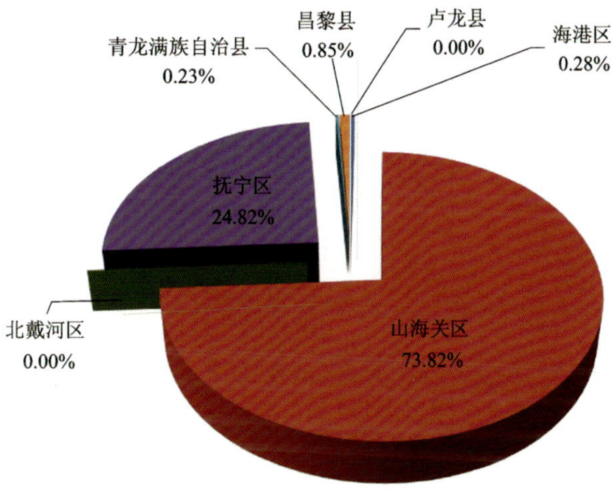

图 10-14　秦皇岛市管道运输用地分布统计图

第十一章　水域及水利用地

第一节　水域及水利用地面积的分析

根据第三次全国国土调查统一时点更新上报成果显示，秦皇岛市水域及水利设施用地（图 11-1）面积为 29 007.11 公顷，面积占比居全市一级土地利用类型面积的第六位。

图 11-1　水域及水利设施用地景观

第二节　水域及水利用地分布特点

按行政区域分析，水域及水利用地面积最多的是昌黎县，有水域及水利用地 9 329.31 公顷，占全市水域及水利用地总面积的 32.17%；其次为青龙满族自治县，水域及水利用地面积为 8 403.85 公顷，占全市水域及水利用地总面积的 28.97%；第三位是抚宁区，水域及水利用地面积为 4 305.73 公顷，占全市水域及水利用地总面积的 14.84%。水域及水利用地面积最少的是北戴河区，水域及水利用地面积为 801.75 公顷，仅占全市水域及水利用地总面积的 2.76%；次少的是山海关区，有水域及水利用地 1 281.58 公顷，占全市水域及水利用地总面积的 4.42%；第三位是海港区，有水域及水利用地 1 811.64 公顷，占全市水域及水利用地总面积的 6.25%。全市水域及水利用地分布情况详见表 11-1 和图 11-2。

表 11-1　秦皇岛市水域及水利用地分布统计表

行政区域	水域及水利用地面积/公顷	占全市水域及水利用地总面积的比例/%
秦皇岛市	29 007.11	100.00
海港区	1 811.64	6.25
山海关区	1 281.58	4.42
北戴河区	801.75	2.76
抚宁区	4 305.73	14.84
青龙满族自治县	8 403.85	28.97
昌黎县	9 329.31	32.17
卢龙县	3 073.25	10.59

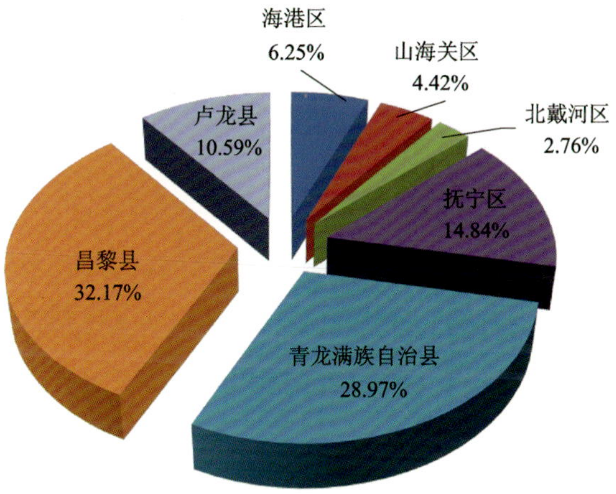

图 11-2　秦皇岛市水域及水利用地分布统计图

第三节　水域及水利用地构成分析

根据第三次全国国土调查分类，秦皇岛市水域及水利用地中的二级分类有 6 个，即河流水面、湖泊水面、水库水面、坑塘水面、沟渠和水工建筑用地，没有冰川及永久积雪，其面积、比例和分布情况如下。

一、河流水面

秦皇岛市河流水面(图 11-3)面积为 11 841.13 公顷，占全市水域及水利用地总面积的 40.82%，居全市水域及水利用地面积的第一位。

图 11-3　河流水面景观

按行政区域分析，河流水面主要分布在青龙满族自治县，面积 4 988.63 公顷，占全市河流水面总面积的 42.12%；其次是昌黎县，面积 1 669.56 公顷，占全市河流水面总面积的 14.10%；第三位是抚宁区，面积 1 563.65 公顷，占全市河流水面总面积的 13.21%。河流水面面积最少的是北戴河区，仅有河流水面 440.28 公顷，占全市河流水面总面积的 3.72%；次少的是山海关区，有河流水面 651.50 公顷，占全市河流水面总面积的 5.50%；第三少的是海港区，有河流水面 1 084.27 公顷，占全市河流水面总面积的 9.16%。

按河流水面占本辖区水域及水利用地总面积的比例分析，占比最高的是海港区，为 59.85%；其次是青龙满族自治县，占比为 59.36%；再次是北戴河区，占比为 54.90%。昌黎县、抚宁区和卢龙县最低，占比分别为 17.90%、36.32%和 46.96%。全市河流水面分布情况详见表 11-2 和图 11-4。

表 11-2　秦皇岛市河流水面分布统计表

行政区域	河流水面面积/公顷	占本辖区水域及水利用地面积的比例/%	占全市河流水面总面积的比例/%
秦皇岛市	11 841.13	40.82	100.00
海港区	1 084.27	59.85	9.16
山海关区	651.50	50.84	5.50
北戴河区	440.28	54.90	3.72
抚宁区	1 563.65	36.32	13.21
青龙满族自治县	4 988.63	59.36	42.12
昌黎县	1 669.56	17.90	14.10
卢龙县	1 443.24	46.96	12.19

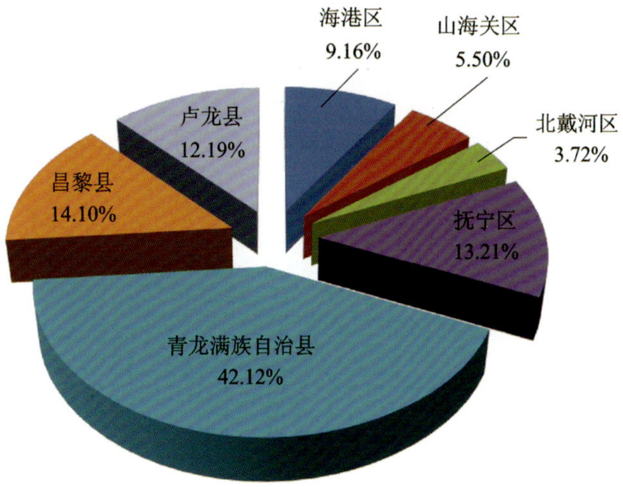

图 11-4　秦皇岛市河流水面分布统计图

二、湖泊水面

秦皇岛市湖泊水面(图 11-5)面积为 283.83 公顷，占全市水域及水利用地总面积的 0.98%，居全市水域及水利用地面积的第六位。

图 11-5　湖泊水面景观

按行政区域分析，湖泊水面只分布在昌黎县，面积 283.83 公顷，占全市湖泊水面总面积的 100%；其他各县(区)没有湖泊水面分布。按湖泊水面占本辖区水域及水利用地总面积的比例分析，昌黎县占本辖区水域及水利用地总面积的 3.04%。全市湖泊水面分布情况详见表 11-3 和图 11-6。

表 11-3　秦皇岛市湖泊水面分布统计表

行政区域	湖泊水面面积/公顷	占本辖区水域及水利用地面积的比例/%	占全市湖泊水面总面积的比例/%
秦皇岛市	283.83	0.98	100.00
海港区	0.00	0.00	0.00
山海关区	0.00	0.00	0.00
北戴河区	0.00	0.00	0.00
抚宁区	0.00	0.00	0.00
青龙满族自治县	0.00	0.00	0.00
昌黎县	283.83	3.04	100.00
卢龙县	0.00	0.00	0.00

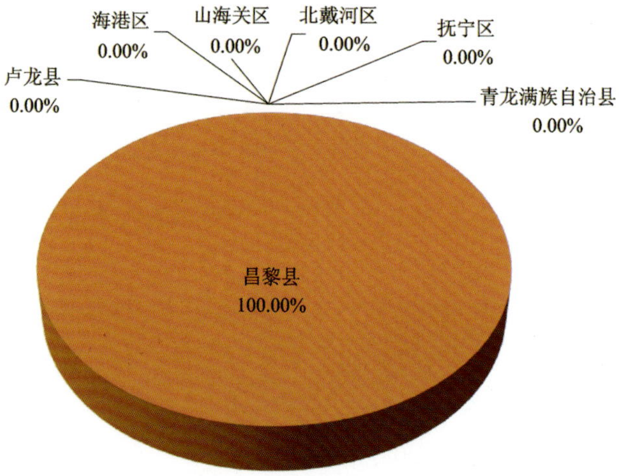

图 11-6　秦皇岛市湖泊水面分布统计图

三、水库水面

秦皇岛市水库水面(图 11-7)面积为 5 818.25 公顷，占全市水域及水利用地总面积的 20.06%，居全市水域及水利用地面积的第三位。

图 11-7　水库水面景观

按行政区域分析，水库水面主要分布在青龙满族自治县，面积 3 219.22 公顷，占全市水库水面总面积的 55.32%；其次是抚宁区，面积 1 710.51 公顷，占全市水库水面总面积的 29.40%；第三位是卢龙县，面积 385.76 公顷，占全市水库水面总面积的 6.63%。水库水面面积最少的是北戴河区，仅有水库水面 7.02 公顷，占全市水库水面总面积的 0.12%；次少的是昌黎县，有水库水面 58.06 公顷，占全市水库水面总面积的 1.00%；第三少的是海港区，有水库水面 129.51 公顷，占全市水库水面总面积的 2.23%。

按水库水面占本辖区水域及水利用地总面积的比例分析，占比最高的是抚宁区，为 39.72%；其次是青龙满族自治县，占比为 38.31%；再次是山海关区，占比为 24.05%。昌黎县、北戴河区和海港区最低，占比分别为 0.62%、0.88%和 7.15%。全市水库水面分布情况详见表 11-4 和图 11-8。

表 11-4　秦皇岛市水库水面分布统计表

行政区域	水库水面面积/公顷	占本辖区水域及水利用地面积的比例/%	占全市水库水面总面积的比例/%
秦皇岛市	5 818.25	20.06	100.00
海港区	129.51	7.15	2.23
山海关区	308.17	24.05	5.30
北戴河区	7.02	0.88	0.12
抚宁区	1 710.51	39.72	29.40
青龙满族自治县	3 219.22	38.31	55.32
昌黎县	58.06	0.62	1.00
卢龙县	385.76	12.55	6.63

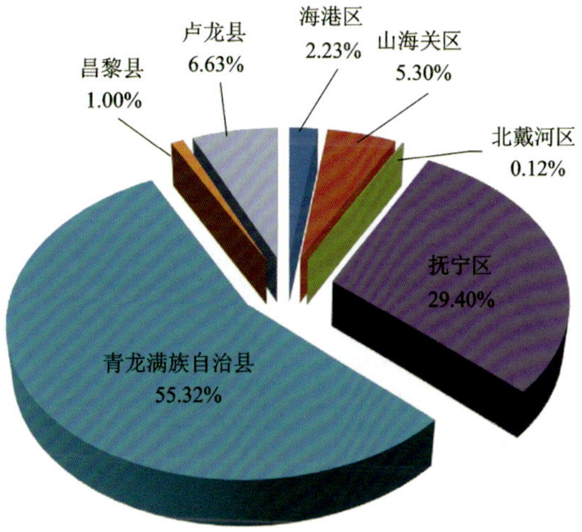

图 11-8　秦皇岛市水库水面分布统计图

四、坑塘水面

秦皇岛市坑塘水面(图 11-9)面积为 8 374.73 公顷，占全市水域及水利用地总面积的 28.87%，居全市水域及水利用地面积的第二位。

图 11-9　坑塘水面景观

按行政区域分析，坑塘水面主要分布在昌黎县，面积 5 902.39 公顷，占全市坑塘水面总面积的 70.49%；其次是卢龙县，面积 808.57 公顷，占全市坑塘水面总面积的 9.66%；第三位是抚宁区，面积 685.06 公顷，占全市坑塘水面总面积的 8.18%。坑塘水面面积最少的是青龙满族自治县，仅有坑塘水面 88.35 公顷，占全市坑塘水面总面积的 1.05%；次少的是山海关区，有坑塘水面 240.74 公顷，占全市坑塘水面总面积的 2.87%；第三少的是北戴河区，有坑塘水面 261.58 公顷，占全市坑塘水面总面积的 3.12%。

按坑塘水面占本辖区水域及水利用地总面积的比例分析，占比最高的是昌黎县，为 63.27%；其次是北戴河区，占比为 32.63%；再次是卢龙县，占比为 26.31%。青龙满族自治县、抚宁区和山海关区最低，占比分别为 1.05%、15.91%和 18.78%。全市坑塘水面分布情况详见表 11-5 和图 11-10。

表 11-5　秦皇岛市坑塘水面分布统计表

行政区域	坑塘水面面积/公顷	占本辖区水域及水利用地面积的比例/%	占全市坑塘水面总面积的比例/%
秦皇岛市	8 374.73	28.87	100.00
海港区	388.04	21.42	4.63
山海关区	240.74	18.78	2.87
北戴河区	261.58	32.63	3.12
抚宁区	685.06	15.91	8.18
青龙满族自治县	88.35	1.05	1.05
昌黎县	5 902.39	63.27	70.49
卢龙县	808.57	26.31	9.66

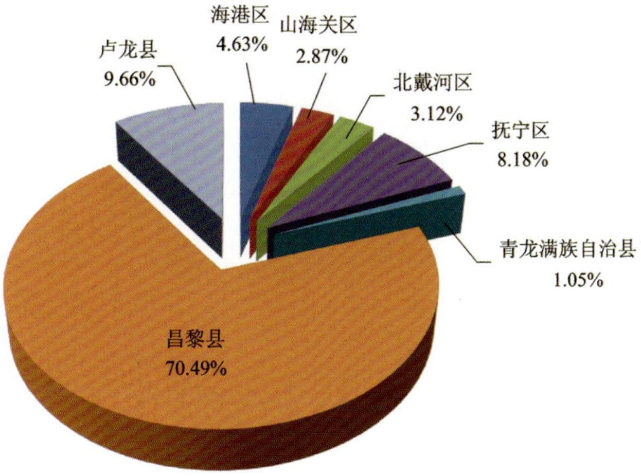

图 11-10 秦皇岛市坑塘水面分布统计图

五、沟渠

秦皇岛市沟渠(图 11-11)面积为 2 086.64 公顷,占全市水域及水利用地总面积的 7.19%,居全市水域及水利用地面积的第四位。

图 11-11 沟渠景观

按行政区域分析,沟渠主要分布在昌黎县,面积 1 053.11 公顷,占全市沟渠总面积的 50.47%;其次是卢龙县,面积 344.84 公顷,占全市沟渠总面积的 16.53%;第三位是抚宁区,面积 302.24 公顷,占全市沟渠总面积的 14.48%。沟渠面积最少的是山海关区,仅有沟渠 51.41 公顷,占全市沟渠总面积的 2.46%;次少的是青龙满族自治县,有沟渠 70.32 公顷,占全市沟渠总面积的 3.37%;第三少的是北戴河区,有沟渠 80.94 公顷,占全市沟渠总面积的 3.88%。

按沟渠占本辖区水域及水利用地总面积的比例分析,占比最高的是昌黎县,为 11.29%;其次是卢龙县,占比为 11.22%;再次是海港区,占比为 10.14%。青龙满族自治县、山海关区和抚宁区最低,占比分别为 0.84%、4.01%和 7.02%。全市沟渠分布情况详见表 11-6 和图 11-12。

表 11-6 秦皇岛市沟渠分布统计表

行政区域	沟渠面积/公顷	占本辖区水域及水利用地面积的比例/%	占全市沟渠总面积的比例/%
秦皇岛市	2 086.64	7.19	100.00
海港区	183.78	10.14	8.81
山海关区	51.41	4.01	2.46
北戴河区	80.94	10.10	3.88
抚宁区	302.24	7.02	14.48
青龙满族自治县	70.32	0.84	3.37
昌黎县	1 053.11	11.29	50.47
卢龙县	344.84	11.22	16.53

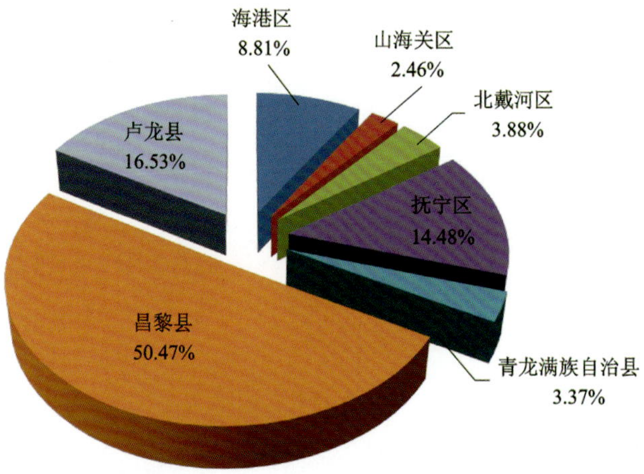

图 11-12 秦皇岛市沟渠分布统计图

六、水工建筑用地

秦皇岛市水工建筑用地(图 11-13)面积为 602.53 公顷，占全市水域及水利用地总面积的 2.08%，居全市水域及水利用地面积的第五位。

图 11-13 水工建筑用地景观

按行政区域分析，水工建筑用地主要分布在昌黎县，面积 362.36 公顷，占全市水工建筑用地总面积的 60.13%；其次是卢龙县，面积 90.84 公顷，占全市水工建筑用地总面积的 15.08%；第三位是抚宁区，面积 44.27 公顷，占全市水工建筑用地总面积的 7.35%。水工建筑用地面积最少的是北戴河区，仅有水工建筑用地 11.93 公顷，占全市水工建筑用地总面积的 1.98%；次少的是海港区，有水工建筑用地 26.04 公顷，占全市水工建筑用地总面积的 4.32%；第三少的是山海关区，有水工建筑用地 29.76 公顷，占全市水工建筑用地总面积的 4.94%。

按水工建筑用地占本辖区水域及水利用地总面积的比例分析，占比最高的是昌黎县，为 3.88%；其次是卢龙县，占比为 2.96%；再次是山海关区，占比为 2.32%。青龙满族自治县、抚宁区和海港区最低，占比分别为 0.44%、1.03% 和 1.44%。全市水工建筑用地分布情况详见表 11-7 和图 11-14。

表 11-7　秦皇岛市水工建筑用地分布统计表

行政区域	水工建筑用地面积/公顷	占本辖区水域及水利用地面积的比例/%	占全市水工建筑用地总面积的比例/%
秦皇岛市	602.53	2.08	100.00
海港区	26.04	1.44	4.32
山海关区	29.76	2.32	4.94
北戴河区	11.93	1.49	1.98
抚宁区	44.27	1.03	7.35
青龙满族自治县	37.33	0.44	6.20
昌黎县	362.36	3.88	60.13
卢龙县	90.84	2.96	15.08

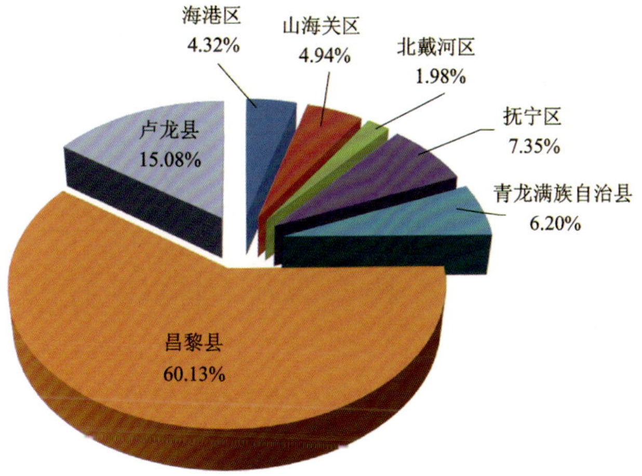

图 11-14　秦皇岛市水工建筑用地分布统计图

第十二章　其他土地

第一节　其他土地面积的分析

根据第三次全国国土调查统一时点更新上报成果显示，其他土地(图 12-1)面积居全市一级土地利用类型面积的第八位。

图 12-1　其他土地景观

第二节　其他土地构成分析

根据第三次全国国土调查分类，秦皇岛市其他土地中的二级分类有 5 个，即设施农用地、田坎、沙地、裸土地和裸岩石砾地①，没有盐碱地，其面积、比例和分布情况如下。

一、设施农用地

秦皇岛市设施农用地(图 12-2)面积为 5 013.89 公顷，居全市其他土地面积的第一位。

① 裸岩石砾地资料涉密，后文未详细展开。

图 12-2　设施农用地景观

按行政区域分析，设施农用地主要分布在昌黎县，面积 2 250.93 公顷，占全市设施农用地总面积的 44.90%；其次是抚宁区，面积 758.80 公顷，占全市设施农用地总面积的 15.13%；第三位是卢龙县，面积 737.20 公顷，占全市设施农用地总面积的 14.70%。设施农用地面积最少的是山海关区，仅有设施农用地 220.98 公顷，占全市设施农用地总面积的 4.41%；次少的是北戴河区，有设施农用地 226.74 公顷，占全市设施农用地总面积的 4.52%；第三少的是海港区，有设施农用地 345.51 公顷，占全市设施农用地总面积的 6.89%。全市设施农用地分布情况详见表 12-1 和图 12-3。

表 12-1　秦皇岛市设施农用地分布统计表

行政区域	设施农用地面积/公顷	占全市设施农用地总面积的比例/%
秦皇岛市	5 013.89	100.00
海港区	345.51	6.89
山海关区	220.98	4.41
北戴河区	226.74	4.52
抚宁区	758.80	15.13
青龙满族自治县	473.73	9.45
昌黎县	2 250.93	44.90
卢龙县	737.20	14.70

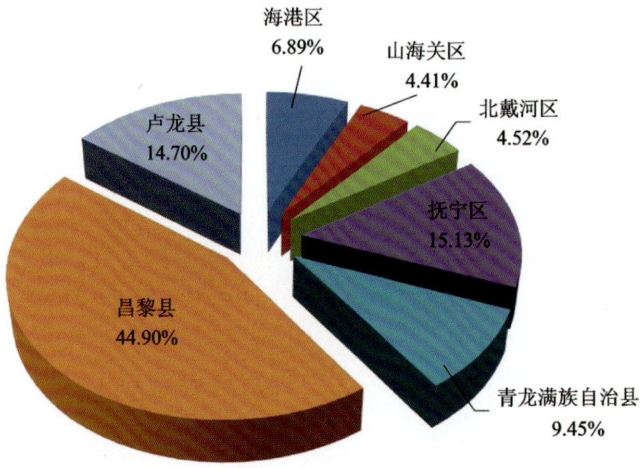

图 12-3　秦皇岛市设施农用地分布统计图

二、田坎

秦皇岛市田坎(图 12-4)面积为 4 920.89 公顷,居全市其他土地面积的第二位。

图 12-4　田坎景观

按行政区域分析,田坎主要分布在卢龙县,面积 2 023.74 公顷,占全市田坎总面积的 41.13%;其次是抚宁区,面积 1 215.66 公顷,占全市田坎总面积的 24.70%;第三位是青龙满族自治县,面积 1 183.65 公顷,占全市田坎总面积的 24.05%。田坎面积最少的是北戴河区,仅有田坎 8.56 公顷,占全市田坎总面积的 0.17%;次少的是昌黎县,有田坎 15.10 公顷,占全市田坎总面积的 0.31%;第三少的是山海关区,有田坎 45.12 公顷,占全市田坎总面积的 0.92%。

按田坎占本辖区其他土地总面积的比例分析,占比最高的是卢龙县,为 73.18%;其次是抚宁区,占比为 58.45%;再次是海港区,占比为 53.98%。昌黎县、北戴河区和山海关区最低,占比分别为 0.53%、3.55%和 6.49%。全市田坎分布情况详见表 12-2 和图 12-5。

表 12-2　秦皇岛市田坎分布统计表

行政区域	田坎面积/公顷	占全市田坎总面积的比例/%
秦皇岛市	4 920.89	100.00
海港区	429.06	8.72
山海关区	45.12	0.92
北戴河区	8.56	0.17
抚宁区	1 215.66	24.70
青龙满族自治县	1 183.65	24.05
昌黎县	15.10	0.31
卢龙县	2 023.74	41.13

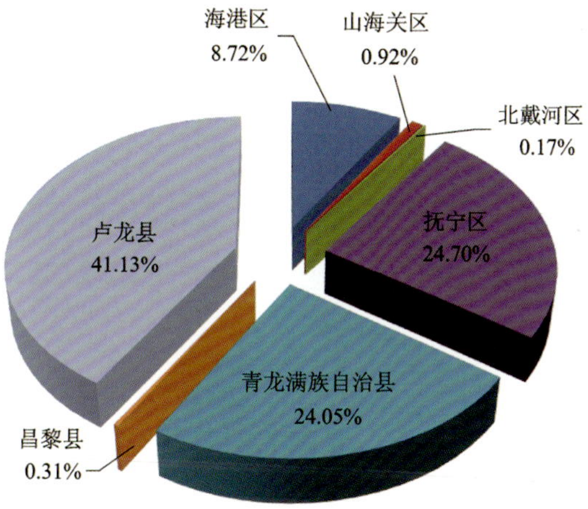

图 12-5　秦皇岛市田坎分布统计图

三、沙地

秦皇岛市沙地(图 12-6)面积为 494.75 公顷，居全市其他土地面积的第三位。

图 12-6　沙地景观

按行政区域分析，沙地主要分布在昌黎县，面积 494.38 公顷，占全市沙地总面积的 99.93%；其次是青龙满族自治县，面积 0.37 公顷，占全市沙地总面积的 0.07%；其他各县(区)均无沙地。

按沙地占本辖区其他土地总面积的比例分析，占比最高的是昌黎县，为 17.40%；其次是青龙满族自治县，占比为 0.01%；其他各县(区)均无沙地，占比为 0.00%。全市沙地分布情况详见表 12-3 和图 12-7。

表 12-3　秦皇岛市沙地分布统计表

行政区域	沙地面积/公顷	占全市沙地总面积的比例/%
秦皇岛市	494.75	100.00
海港区	0.00	0.00
山海关区	0.00	0.00
北戴河区	0.00	0.00
抚宁区	0.00	0.00
青龙满族自治县	0.37	0.07
昌黎县	494.38	99.93
卢龙县	0.00	0.00

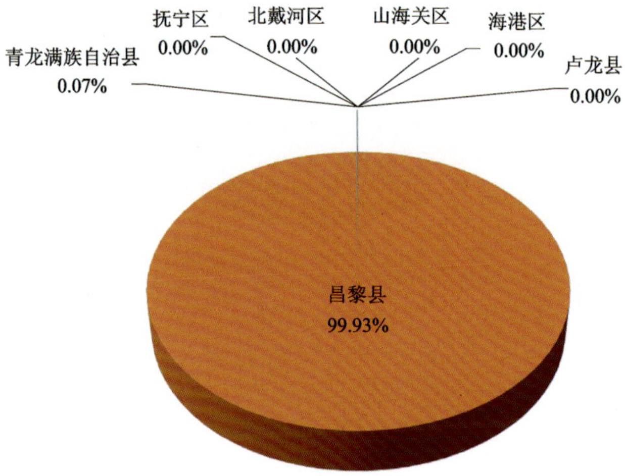

图 12-7　秦皇岛市沙地分布统计图

四、裸土地

秦皇岛市裸土地(图 12-8)面积为 324.06 公顷，居全市其他土地面积的第四位。

按行政区域分析，裸土地主要分布在青龙满族自治县，面积 167.84 公顷，占全市裸土地总面积的 51.78%；其次是抚宁区，面积 90.95 公顷，占全市裸土地总面积的 28.07%；第三位是昌黎县，面积 39.78 公顷，占全市裸土地总面积的 12.28%。裸土地面积最少的是卢龙县，仅有裸土地 3.12 公顷，占全市裸土地总面积的 0.96%；次少的是北戴河区，有裸土地 3.62 公顷，占全市裸土地总面积的 1.12%；第三少的是海港区，有裸土地 6.37 公顷，占全市裸土地总面积的 1.97%。

图 12-8 裸土地景观

按裸土地占本辖区其他土地总面积的比例分析，占比最高的是青龙满族自治县，为 4.64%；其次是抚宁区，占比为 4.37%；再次是山海关区，占比为 1.78%。卢龙县、海港区和昌黎县最低，占比分别为 0.11%、0.80%和 1.40%。全市裸土地分布情况详见表 12-4 和图 12-9。

表 12-4 秦皇岛市裸土地分布统计表

行政区域	裸土地面积/公顷	占全市裸土地总面积的比例/%
秦皇岛市	324.06	100.00
海港区	6.37	1.97
山海关区	12.38	3.82
北戴河区	3.62	1.12
抚宁区	90.95	28.07
青龙满族自治县	167.84	51.78
昌黎县	39.78	12.28
卢龙县	3.12	0.96

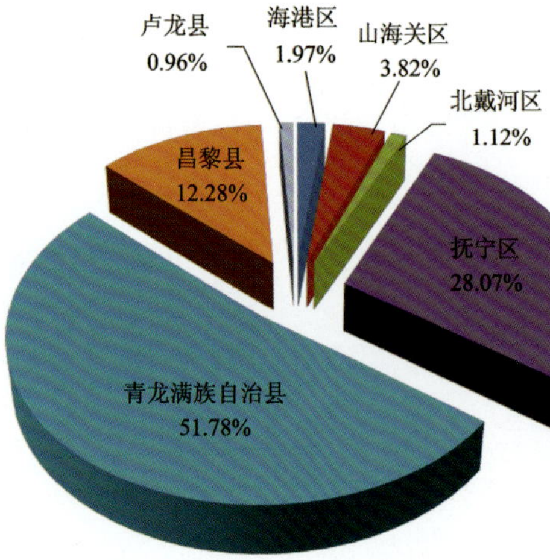

图 12-9 秦皇岛市裸土地分布统计图

第十三章　专项用地调查分析

第一节　城镇村及工矿用地

一、城镇村及工矿用地范围内土地利用构成及分布

秦皇岛市城镇村及工矿用地总面积为 85 924.53 公顷。其中城市 12 661.60 公顷，占城镇村及工矿用地总面积的 14.74%；建制镇 10 227.22 公顷，占城镇村及工矿用地总面积的 11.90%；村庄 55 714.21 公顷，占城镇村及工矿用地总面积的 64.84%；采矿用地 4 993.33 公顷，占城镇村及工矿用地总面积的 5.81%；特殊用地 2 328.17 公顷，占城镇村及工矿用地总面积的 2.71%。城镇村及工矿用地土地利用现状汇总结果如表 13-1 所示。

表 13-1　城镇村及工矿用地土地利用现状统计表　单位：公顷

行政区域	城镇村及工矿用地(20)	城市(201)	建制镇(202)	村庄(203)	采矿用地(204)	特殊用地(205)
秦皇岛市	85 924.53	12 661.60	10 227.22	55 714.21	4 993.33	2 328.17
海港区	17 706.26	7 754.31	1 303.26	7 234.92	1 098.55	315.22
山海关区	4 955.34	2 388.85	42.04	1 937.54	46.21	540.70
北戴河区	5 202.59	1 908.25	1 047.57	2 059.56	8.00	179.21
抚宁区	10 478.53	610.19	830.57	8 649.01	249.17	139.59
青龙满族自治县	13 889.40	0.00	1 317.16	10 163.09	2 372.03	37.12
昌黎县	20 938.69	0.00	3 823.96	15 714.89	365.38	1 034.46
卢龙县	12 753.72	0.00	1 862.66	9 955.20	853.99	81.87

秦皇岛市第三次全国国土调查城镇村及工矿用地包括一级地类 13 个，二级地类 35 个。

依据土地调查工作分类，结合秦皇岛市城镇村及工矿用地面积分析，住宅用地面积为 46 000.12 公顷，占城镇村及工矿用地总面积的 53.53%；工矿用地面积为 15 201.31 公顷，占城镇村及工矿用地总面积的 17.69%；商业服务业用地面积为 6 502.58 公顷，占城镇村及工矿用地总面积的 7.57%；公共管理与公共服务用地面积为 5 013.42 公顷，占城镇村及工矿用地总面积的 5.83%；交通运输用地面积为 4 210.63 公顷，占城镇村及工矿用地总面积的 4.90%；特殊用地面积为 2 609.55 公顷，占城镇村及工矿用地总面积的 3.04%；耕地面积为 1 931.64 公顷，占城镇村及工矿用地总面积的 2.25%；林地面积为 1 517.89 公顷，占城镇村及工矿用地总面积的 1.77%；种植园用地面积为 862.64 公顷，占城镇村及工

矿用地总面积的 1.00%；其他土地、草地、水域及水利设施用地和湿地面积占比较小，分别占 0.87%、0.81%、0.66%和 0.08%。

海港区城镇村及工矿用地范围内住宅用地占比最高，占 35.69%，其次是工矿用地，占 28.40%，然后是公共管理与公共服务用地、商业服务业用地、交通运输用地，分别占 10.28%、8.34%、7.80%。

山海关区城镇村及工矿用地范围内住宅用地和工矿用地占比最高，分别占 31.25%、22.96%，其次是特殊用地和商业服务业用地，分别占 12.75%、10.85%，然后是公共管理与公共服务用地和交通运输用地，分别占 7.02%、6.34%。

北戴河区城镇村及工矿用地范围内住宅用地占比最高，占 42.92%，其次是商业服务业用地和公共管理与公共服务用地，分别占 18.18%、17.90%，然后是交通运输用地、工矿用地和特殊用地，分别占 6.79%、4.65%、4.44%。

抚宁区城镇村及工矿用地范围内住宅用地占比最高，占 63.96%，其次是工矿用地，占 12.10%，然后是商业服务业用地、交通运输用地和公共管理与公共服务用地，分别占 7.16%、4.75%和 3.80%。

青龙满族自治县城镇村及工矿用地范围内住宅用地占比最高，占 58.45%，其次是工矿用地，占 20.97%，然后是耕地、商业服务业用地、交通运输用地、种植园用地、公共管理与公共服务用地、林地，分别占 4.23%、3.80%、3.42%、2.91%、2.79%、2.21%。

昌黎县城镇村及工矿用地范围内住宅用地占比最高，占 60.47%，其次是工矿用地，占 12.87%，然后是商业服务业用地、特殊用地、交通运输用地和公共管理与公共服务用地，分别占 8.26%、5.01%、3.65%和 3.29%。

卢龙县城镇村及工矿用地范围内住宅用地占比最高，占 65.99%，其次是工矿用地，占 15.04%，然后是商业服务业用地、公共管理与公共服务用地、交通运输用地、耕地、林地，分别占 4.18%、3.45%、3.33%、2.98%、2.38%。城镇村范围内一级地类统计如表 13-2 和图 13-1 所示。

表 13-2　城镇村及工矿用地范围内土地利用一级地类分布统计表　单位：公顷

行政区域	秦皇岛市	海港区	山海关区	北戴河区	抚宁区	青龙满族自治县	昌黎县	卢龙县
总计	85 924.53	17 706.26	4 955.34	5 202.59	10 478.53	13 889.40	20 938.69	12 753.72
湿地	65.45	57.66	0.30	5.94	0.87	0.00	0.65	0.03
耕地	1 931.64	212.98	165.37	35.73	172.20	586.87	378.28	380.21
种植园用地	862.64	79.54	22.16	28.57	115.01	404.30	134.50	78.56
林地	1 517.89	242.18	72.50	94.70	187.61	307.01	309.76	304.13
草地	693.66	307.08	89.06	41.42	50.34	41.56	126.30	37.90
商业服务业用地	6 502.58	1 476.37	537.71	946.04	750.25	528.42	1 730.05	533.74
工矿用地	15 201.31	5 028.43	1 137.51	241.86	1 268.26	2 912.84	2 694.18	1 918.23
住宅用地	46 000.12	6 319.51	1 548.69	2 232.87	6 702.38	8 118.16	12 661.89	8 416.62
公共管理与公共服务用地	5 013.42	1 820.76	347.90	931.24	398.22	386.91	688.93	439.46
特殊用地	2 609.55	385.72	631.92	230.90	175.88	50.10	1 049.55	85.48
交通运输用地	4 210.63	1 380.41	314.35	353.36	497.99	474.95	764.73	424.84
水域及水利设施用地	568.76	282.78	40.88	23.86	40.16	38.81	111.46	30.81
其他土地	746.88	112.84	46.99	36.10	119.36	39.47	288.41	103.71

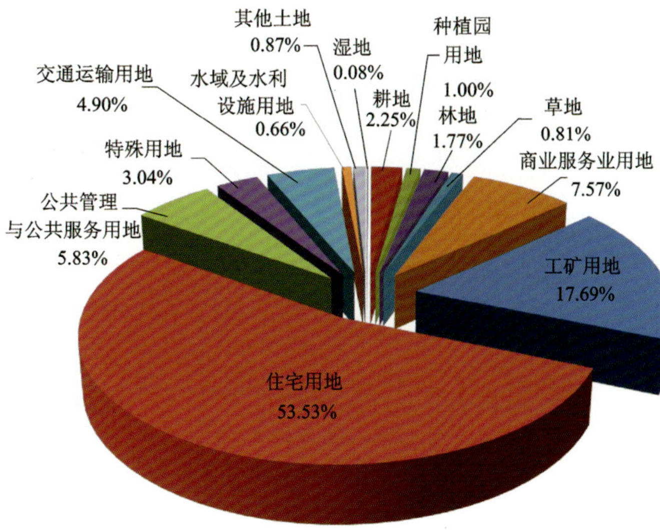

图 13-1 城镇村及工矿用地范围内土地利用一级类分布统计图

1. 城镇村及工矿用地范围内湿地分布情况

秦皇岛市城镇村及工矿用地范围内湿地的总面积为 65.45 公顷，其中沿海滩涂 64.92 公顷，占 99.19%，主要分布在海港区(57.64 公顷)；内陆滩涂 0.53 公顷，占 0.81%，主要分布在抚宁区(0.26 公顷)、北戴河区(0.18 公顷)。城镇村及工矿用地范围内湿地分布如表 13-3 所示。

表 13-3 城镇村及工矿用地范围内湿地分布统计表 单位:公顷

行政区域	湿地		
	小计	沿海滩涂	内陆滩涂
秦皇岛市	65.45	64.92	0.53
海港区	57.66	57.64	0.02
山海关区	0.30	0.30	0.00
北戴河区	5.94	5.76	0.18
抚宁区	0.87	0.61	0.26
青龙满族自治县	0.00	0.00	0.00
昌黎县	0.65	0.61	0.04
卢龙县	0.03	0.00	0.03

2. 城镇村及工矿用地范围内耕地分布情况

秦皇岛市城镇村及工矿用地范围内耕地的总面积为 1 931.64 公顷，其中水田面积为 16.27 公顷，占 0.84%，主要分布在抚宁区(7.86 公顷)、卢龙县(5.03 公顷)；水浇地面积为 465.89 公顷，占 24.12%，主要分布在昌黎县(289.68 公顷)、卢龙县(58.06 公顷)、山海关区(46.10 公顷)；旱地面积为 1 449.48 公顷，占 75.04%，主要分布在青龙满族自治县(584.00 公顷)、卢龙县(317.12 公顷)、海港区(192.33 公顷)。城镇村及工矿用地范围内耕地分布如表 13-4 所示。

表 13-4　城镇村及工矿用地范围内耕地分布统计表　　单位:公顷

行政区域	耕地			
	小计	水田	水浇地	旱地
秦皇岛市	1 931.64	16.27	465.89	1 449.48
海港区	212.98	0.14	20.51	192.33
山海关区	165.37	0.23	46.10	119.04
北戴河区	35.73	0.80	18.28	16.65
抚宁区	172.20	7.86	30.72	133.62
青龙满族自治县	586.87	0.33	2.54	584.00
昌黎县	378.28	1.88	289.68	86.72
卢龙县	380.21	5.03	58.06	317.12

3. 城镇村及工矿用地范围内种植园用地分布情况

秦皇岛市城镇村及工矿用地范围内种植园用地的总面积为 862.64 公顷，其中果园 859.71 公顷，占 99.66%，主要分布在青龙满族自治县(404.10 公顷)、昌黎县(132.83 公顷)、抚宁区(114.82 公顷)、海港区(79.44 公顷)、卢龙县(78.56 公顷)；其他园地 2.93 公顷，占 0.34%，主要分布在昌黎县(1.67 公顷)、北戴河区(0.77 公顷)。秦皇岛市城镇村及工矿用地范围内无茶园和橡胶园。城镇村及工矿用地范围内种植园用地分布如表 13-5 所示。

表 13-5　城镇村及工矿用地范围内种植园用地分布统计表　　单位:公顷

行政区域	种植园用地		
	小计	果园	其他园地
秦皇岛市	862.64	859.71	2.93
海港区	79.54	79.44	0.10
山海关区	22.16	22.16	0.00
北戴河区	28.57	27.80	0.77
抚宁区	115.01	114.82	0.19
青龙满族自治县	404.30	404.10	0.20
昌黎县	134.50	132.83	1.67
卢龙县	78.56	78.56	0.00

4. 城镇村及工矿用地范围内林地分布情况

秦皇岛市城镇村及工矿用地范围内林地的总面积为 1 517.89 公顷，其中乔木林地面积为 708.06 公顷，占 46.65%，主要分布在卢龙县(257.52 公顷)、昌黎县(127.19 公顷)、青龙满族自治县(112.82 公顷)、海港区(97.36 公顷)；灌木林地(77.06 公顷)，占 5.08%，主要分布在青龙满族自治县(60.90 公顷)；其他林地面积为(732.77 公顷)，占 48.28%，主要分布在昌黎县(178.27 公顷)、海港区(139.89 公顷)、青龙满族自治县(133.29 公顷)、抚宁区(123.48 公顷)。秦皇岛市城镇村及工矿用地范围内无竹林地。城镇村及工矿用地范围内林地分布如表 13-6 所示。

表 13-6　城镇村及工矿用地范围内林地分布统计表　单位：公顷

行政区域	林地			
	小计	乔木林地	灌木林地	其他林地
秦皇岛市	1 517.89	708.06	77.06	732.77
海港区	242.18	97.36	4.93	139.89
山海关区	72.50	14.88	0.00	57.62
北戴河区	94.70	36.80	0.00	57.90
抚宁区	187.61	61.49	2.64	123.48
青龙满族自治县	307.01	112.82	60.90	133.29
昌黎县	309.76	127.19	4.30	178.27
卢龙县	304.13	257.52	4.29	42.32

5. 城镇村及工矿用地范围内草地分布情况

秦皇岛市城镇村及工矿用地范围内草地的总面积为 693.66 公顷，均为其他草地，主要分布在海港区（307.08 公顷）、昌黎县（126.30 公顷）。秦皇岛市城镇村及工矿用地范围内无天然牧草地和人工牧草地。城镇村及工矿用地范围内草地分布如表 13-7 所示。

表 13-7　城镇村及工矿用地范围内草地分布统计表　单位：公顷

行政区域	草地	
	小计	其他草地
秦皇岛市	693.66	693.66
海港区	307.08	307.08
山海关区	89.06	89.06
北戴河区	41.42	41.42
抚宁区	50.34	50.34
青龙满族自治县	41.56	41.56
昌黎县	126.30	126.30
卢龙县	37.90	37.90

6. 城镇村及工矿用地范围内商业服务业用地分布情况

秦皇岛市城镇村及工矿用地范围内商业服务业用地的总面积为 6 502.58 公顷，其中商业服务业设施用地面积为 5 289.27 公顷，占 81.34%，主要分布在昌黎县（1 476.13 公顷）、海港区（1 069.05 公顷）、北戴河区（889.03 公顷）、抚宁区（636.75 公顷）；物流仓储用地面积为（1 213.31 公顷），占 18.66%，主要分布在海港区（407.32 公顷）、昌黎县（253.92 公顷）、山海关区（193.74 公顷）、抚宁区（113.50 公顷）、卢龙县（101.25 公顷）。城镇村及工矿用地范围内商业服务业用地分布如表 13-8 所示。

表 13-8　城镇村及工矿用地范围内商业服务业用地分布统计表　单位:公顷

行政区域	商业服务业用地		
	小计	商业服务业设施用地	物流仓储用地
秦皇岛市	6 502.58	5 289.27	1 213.31
海港区	1 476.37	1 069.05	407.32
山海关区	537.71	343.97	193.74
北戴河区	946.04	889.03	57.01
抚宁区	750.25	636.75	113.50
青龙满族自治县	528.42	441.85	86.57
昌黎县	1 730.05	1 476.13	253.92
卢龙县	533.74	432.49	101.25

7. 城镇村及工矿用地范围内工矿用地分布情况

秦皇岛市城镇村及工矿用地范围内工矿用地的总面积为 15 201.31 公顷，其中工业用地面积为 10 103.36 公顷，占 66.46%，主要分布在海港区(3 891.26 公顷)、昌黎县(2 321.43 公顷)、山海关区(1 091.08 公顷)、卢龙县(1 056.40 公顷)、抚宁区(1 017.13 公顷)；采矿用地面积为 5 097.95 公顷，占 33.54%，主要分布在青龙满族自治县(2 420.64 公顷)、海港区(1 137.17 公顷)、卢龙县(861.83 公顷)。城镇村范围内工矿用地分布如表 13-9 所示。

表 13-9　城镇村及工矿用地范围内工矿用地分布统计表　单位:公顷

行政区域	工矿用地		
	小计	工业用地	采矿用地
秦皇岛市	15 201.31	10 103.36	5 097.95
海港区	5 028.43	3 891.26	1 137.17
山海关区	1 137.51	1 091.08	46.43
北戴河区	241.86	233.86	8.00
抚宁区	1 268.26	1 017.13	251.13
青龙满族自治县	2 912.84	492.20	2 420.64
昌黎县	2 694.18	2 321.43	372.75
卢龙县	1 918.23	1 056.40	861.83

8. 城镇村及工矿用地范围内住宅用地分布情况

秦皇岛市城镇村及工矿用地范围内住宅用地的总面积为 46 000.12 公顷，其中城镇住宅用地面积为 6 459.51 公顷，占 14.04%，主要分布在海港区(3 200.74 公顷)、北戴河区(801.17 公顷)、昌黎县(761.42 公顷)、山海关区(644.07 公顷)、抚宁区(553.94 公顷)；农村宅基地面积为 39 540.61 公顷，占 85.96%，主要分布在昌黎县(11 900.47 公顷)、卢龙县(8 201.37 公顷)、青龙满族自治县(7 835.24 公顷)、抚宁区(6 148.44 公顷)、海港区(3 118.77 公顷)、北戴河区(1 431.70 公顷)。城镇村及工矿用地范围内住宅用地分布如表 13-10 所示。

表 13-10　城镇村及工矿用地范围内住宅用地分布统计表　　单位：公顷

行政区域	住宅用地		
	小计	城镇住宅用地	农村宅基地
秦皇岛市	46 000.12	6 459.51	39 540.61
海港区	6 319.51	3 200.74	3 118.77
山海关区	1 548.69	644.07	904.62
北戴河区	2 232.87	801.17	1 431.70
抚宁区	6 702.38	553.94	6 148.44
青龙满族自治县	8 118.16	282.92	7 835.24
昌黎县	12 661.89	761.42	11 900.47
卢龙县	8 416.62	215.25	8 201.37

9. 城镇村及工矿用地范围内公共管理与公共服务用地分布情况

秦皇岛市城镇村及工矿用地范围内公共管理与公共服务用地的总面积为 5 013.42 公顷，其中机关团体新闻出版用地面积为 1 061.96 公顷，占 21.18%，主要分布在北戴河区（405.82 公顷）、海港区（207.27 公顷）；科教文卫用地面积为 2 471.05 公顷，占 49.29%，主要分布在海港区（950.75 公顷）、昌黎县（437.34 公顷）、北戴河区（326.90 公顷）；公用设施用地面积为 599.78 公顷，占 11.96%，主要分布在海港区（176.79 公顷）、抚宁区（111.92 公顷）；公园与绿地用地面积为 880.63 公顷，占 17.57%，主要分布在海港区（485.95 公顷）、北戴河区（126.62 公顷）、山海关区（112.87 公顷）。城镇村及工矿用地范围内公共管理与公共服务用地分布如表 13-11 所示。

表 13-11　城镇村及工矿用地范围内公共管理与公共服务用地分布统计表　　单位：公顷

行政区域	公共管理与公共服务用地				
	小计	机关团体新闻出版用地	科教文卫用地	公用设施用地	公园与绿地
秦皇岛市	5 013.42	1 061.96	2 471.05	599.78	880.63
海港区	1 820.76	207.27	950.75	176.79	485.95
山海关区	347.90	68.98	114.68	51.37	112.87
北戴河区	931.24	405.82	326.90	71.90	126.62
抚宁区	398.22	82.90	180.47	111.92	22.93
青龙满族自治县	386.91	95.33	219.29	45.70	26.59
昌黎县	688.93	101.61	437.34	75.35	74.63
卢龙县	439.46	100.05	241.62	66.75	31.04

10. 城镇村及工矿用地范围内特殊用地分布情况

秦皇岛市城镇村及工矿用地范围内的特殊用地面积 2 609.55 公顷，主要分布在昌黎县（1 049.55 公顷）、山海关区（631.92 公顷）、海港区（385.72 公顷）。本次调查特殊用地只调查到一级类。城镇村及工矿用地范围内特殊用地分布如表 13-12 所示。

表 13-12 城镇村及工矿用地范围内特殊用地分布统计表 单位：公顷

行政区域	特殊用地
秦皇岛市	2 609.55
海港区	385.72
山海关区	631.92
北戴河区	230.90
抚宁区	175.88
青龙满族自治县	50.10
昌黎县	1 049.55
卢龙县	85.48

11. 城镇村及工矿用地范围内交通运输用地分布情况

秦皇岛市城镇村及工矿用地范围内交通运输用地的总面积为 4 210.63 公顷，城镇村道路用地面积为 3 238.94 公顷，占 76.92%，主要分布在海港区（1 146.64 公顷）、昌黎县（562.30 公顷）、抚宁区（380.32 公顷）、卢龙县（361.00 公顷）、青龙满族自治县（300.88 公顷）；交通服务场站用地面积为 658.83 公顷，占 15.65%，主要分布在海港区（211.89 公顷）、昌黎县（125.27 公顷）、抚宁区（90.68 公顷）、山海关区（90.18 公顷）；农村道路 312.86 公顷，占 7.43%，主要分布在青龙满族自治县（141.50 公顷）、昌黎县（77.16 公顷）。城镇村及工矿用地范围内交通运输用地分布如表 13-13 所示。

表 13-13 城镇村及工矿用地范围内交通运输用地分布统计表 单位：公顷

行政区域	交通运输用地			
	小计	城镇村道路用地	交通服务场站用地	农村道路
秦皇岛市	4 210.63	3 238.94	658.83	312.86
海港区	1 380.41	1 146.64	211.89	21.88
山海关区	314.35	212.47	90.18	11.70
北戴河区	353.36	275.33	70.27	7.76
抚宁区	497.99	380.32	90.68	26.99
青龙满族自治县	474.95	300.88	32.57	141.50
昌黎县	764.73	562.30	125.27	77.16
卢龙县	424.84	361.00	37.97	25.87

12. 城镇村及工矿用地范围内水域及水利设施用地分布情况

秦皇岛市城镇村及工矿用地范围内水域及水利设施用地的总面积为 568.76 公顷，其中河流水面 286.31 公顷，占 50.34%，主要分布在海港区（227.65 公顷）；水库水面 1.98 公顷，占 0.35%，主要分布在青龙满族自治县（0.98 公顷）；坑塘水面 160.62 公顷，占 28.24%，主要分布在昌黎县（79.22 公顷）、海港区（32.45 公顷）、山海关区（23.36 公顷）；沟渠面积为 119.85 公顷，占 21.07%，主要分布在昌黎县（29.13 公顷）、抚宁区（23.64 公顷）、海港区（22.67 公顷）、卢龙县（17.34 公顷）。秦皇岛市城镇村及工矿用地范围内无湖泊水面、水工建筑用地和冰川及永久积雪。城镇村及工矿用地范围内水域及水利设施用地分布如表 13-14 所示。

表 13-14　城镇村及工矿用地范围内水域及水利设施用地分布统计表　　单位:公顷

行政区域	水域及水利设施用地				
	小计	河流水面	水库水面	坑塘水面	沟渠
秦皇岛市	568.76	286.31	1.98	160.62	119.85
海港区	282.78	227.65	0.01	32.45	22.67
山海关区	40.88	8.22	0.03	23.36	9.27
北戴河区	23.86	7.53	0.03	9.71	6.59
抚宁区	40.16	6.42	0.16	9.94	23.64
青龙满族自治县	38.81	25.73	0.98	0.89	11.21
昌黎县	111.46	2.65	0.46	79.22	29.13
卢龙县	30.81	8.11	0.31	5.05	17.34

13. 城镇村及工矿用地范围内其他土地分布情况

秦皇岛市城镇村及工矿用地范围内其他土地的总面积为 746.88 公顷，其中空闲地面积为 77.39 公顷，占 10.36%，主要分布在海港区(41.55 公顷)、北戴河区(14.21 公顷)；设施农用地面积为 609.59 公顷，占 81.62%，主要分布在昌黎县(277.59 公顷)、抚宁区(103.62 公顷)、卢龙县(88.71 公顷)、海港区(65.95 公顷)；田坎 43.65 公顷，占 5.84%，主要分布在青龙满族自治县(18.89 公顷)、卢龙县(12.47 公顷)；沙地 2.61 公顷，占 0.35%，仅分布在昌黎县；裸土地 12.58 公顷，占 1.68%，主要分布在昌黎县(4.54 公顷)、抚宁区(4.02 公顷)、青龙满族自治县(2.62 公顷)；裸岩石砾地 1.06 公顷，占 0.14%，仅分布在青龙满族自治县(0.93 公顷)、昌黎县(0.13 公顷)。秦皇岛市城镇村及工矿用地范围内无盐碱地。城镇村及工矿用地范围内其他土地分布如表 13-15 所示。

表 13-15　城镇村及工矿用地范围内其他土地分布统计表　　单位:公顷

行政区域	其他土地						
	小计	空闲地	设施农用地	田坎	沙地	裸土地	裸岩石砾地
秦皇岛市	746.88	77.39	609.59	43.65	2.61	12.58	1.06
海港区	112.84	41.55	65.95	4.47	0.00	0.87	0.00
山海关区	46.99	6.21	36.34	4.08	0.00	0.36	0.00
北戴河区	36.10	14.21	21.65	0.16	0.00	0.08	0.00
抚宁区	119.36	8.39	103.62	3.33	0.00	4.02	0.00
青龙满族自治县	39.47	1.30	15.73	18.89	0.00	2.62	0.93
昌黎县	288.41	3.29	277.59	0.25	2.61	4.54	0.13
卢龙县	103.71	2.44	88.71	12.47	0.00	0.09	0.00

二、城市范围内土地利用构成及分布

秦皇岛市第三次全国国土调查城市范围内土地包括一级地类 13 个，二级地类 28 个。如表 13-16 和图 13-2 所示。

表 13-16　城市范围内一级地类分布统计表　　单位:公顷

行政区域	秦皇岛市	海港区	山海关区	北戴河区	抚宁区
总计	12 661.60	7 754.31	2 388.85	1 908.25	610.19
湿地	62.81	57.05	0.00	5.76	0.00
耕地	85.72	20.55	61.53	2.29	1.35
种植园用地	20.65	3.44	5.33	11.88	0.00
林地	91.16	31.31	23.90	35.85	0.10
草地	87.93	43.19	36.25	8.36	0.13
商业服务业用地	1 698.14	805.45	219.38	596.79	76.52
工矿用地	2 279.30	1 437.68	763.26	16.17	62.19
住宅用地	4 163.34	2 767.24	713.64	365.59	316.87
公共管理与公共服务用地	2 446.93	1 471.50	265.23	637.46	72.74
特殊用地	121.57	9.86	62.22	48.87	0.62
交通运输用地	1 299.30	848.17	208.77	166.92	75.44
水域及水利设施用地	257.02	231.01	21.46	4.55	0.00
其他土地	47.73	27.86	7.88	7.76	4.23

依据土地调查工作分类,城市用地中住宅用地 4 163.34 公顷,占城市用地总面积的 32.88%;公共管理与公共服务用地 2 446.93 公顷,占城市用地总面积的 19.33%;工矿用地 2 279.30 公顷,占城市用地总面积的 18.00%;商业服务业用地 1 698.14 公顷,占城市用地总面积的 13.41%;交通运输用地 1 299.30 公顷,占城市用地总面积的 10.26%;水域及水利设施用地 257.02 公顷,占城市用地总面积的 2.03%;特殊用地、林地、草地、耕地、湿地、其他土地和种植园用地占比小,分别占城市用地总面积的 0.96%、0.72%、0.69%、0.68%、0.50%、0.38%、0.16%。

城市总面积 12 661.60 公顷,其中海港区城市占地面积最广,7 754.31 公顷,占城市总面积的 61.24%;其次是山海关区,2 388.85 公顷,占城市总面积的 18.87%;再次是北戴河区,1 908.25 公顷,占城市总面积的 15.07%;然后是抚宁区,610.19 公顷,占城市总面积的 4.82%;青龙满族自治县、昌黎县、卢龙县没有城市用地。

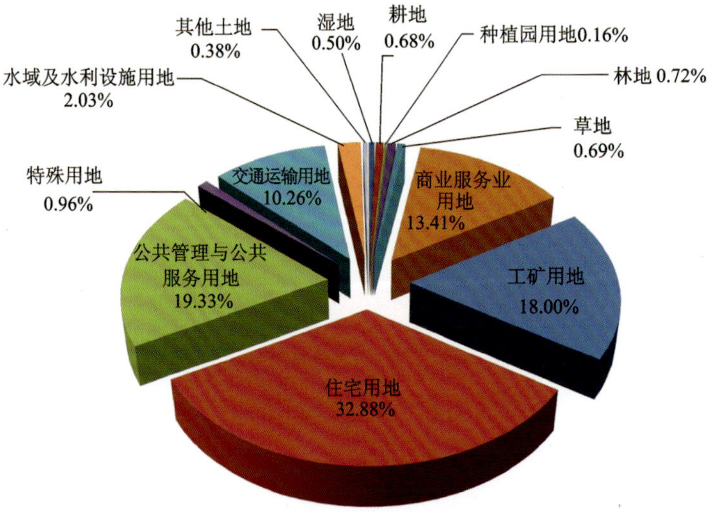

图 13-2　城市土地利用分布统计图

三、建制镇范围土地利用构成及分布

秦皇岛市第三次全国国土调查建制镇范围内土地包括一级地类 12 个，二级地类 28 个。

依据土地调查工作分类，建制镇用地中住宅用地 4 574.14 公顷，占建制镇用地总面积的 44.72%；工矿用地 2 581.14 公顷，占建制镇用地总面积的 25.24%；商业服务业用地 1 400.81 公顷，占建制镇用地总面积的 13.70%；公共管理与公共服务用地 870.89 公顷，占建制镇用地总面积的 8.53%；交通运输用地 569.01 公顷，占建制镇用地总面积的 5.56%；耕地、林地、草地、种植园用地、水域及水利设施用地、其他土地、特殊用地占比较小，分别占建制镇用地总面积的 0.76%、0.44%、0.31%、0.27%、0.23%、0.14%、0.12%。

建制镇一级地类分布如表 13-17 和图 13-3 所示。

表 13-17　建制镇范围内一级地类分布统计表　　单位：公顷

行政区域	秦皇岛市	海港区	山海关区	北戴河区	抚宁区	青龙满族自治县	昌黎县	卢龙县
总计	10 227.22	1 303.26	42.04	1 047.57	830.57	1 317.16	3 823.96	1 862.66
耕地	78.13	10.16	0.00	2.36	6.17	15.78	25.84	17.82
种植园用地	28.15	0.63	0.00	2.62	0.70	11.22	8.47	4.51
林地	44.78	1.39	0.00	7.76	4.68	5.47	14.47	11.01
草地	31.28	1.84	0.00	1.98	1.28	0.98	14.38	10.82
商业服务业用地	1 400.81	83.98	16.95	172.30	214.21	228.97	459.07	225.33
工矿用地	2 581.14	584.76	2.73	107.27	102.94	96.52	1 255.68	431.24
住宅用地	4 574.14	484.43	18.90	512.43	416.48	753.62	1 539.37	848.91
公共管理与公共服务用地	870.89	53.37	3.09	150.03	51.11	129.93	308.97	174.39
特殊用地	11.95	0.00	0.04	0.04	0.00	3.19	6.10	2.58
交通运输用地	569.01	81.37	0.18	77.34	32.19	69.37	180.05	128.51
水域及水利设施用地	23.06	1.20	0.00	5.87	0.23	1.83	9.34	4.59
其他土地	13.88	0.13	0.15	7.57	0.58	0.28	2.22	2.95

秦皇岛市第三次全国国土调查建制镇总面积 10 227.22 公顷，其中昌黎县建制镇占地面积最广，3 823.96 公顷，占建制镇用地总面积的 37.39%；其次是卢龙县，1 862.66 公顷，占建制镇用地总面积的 18.21%；再次是青龙满族自治县、海港区，分别为 1 317.16 公顷、1 303.26 公顷，占建制镇用地总面积的 12.88%、12.74%；然后是北戴河区、抚宁区，分别为 1 047.57 公顷、830.57 公顷，占建制镇用地总面积的 10.24%、8.12%；山海关区占比最小，仅 42.04 公顷，占建制镇用地总面积的 0.41%。

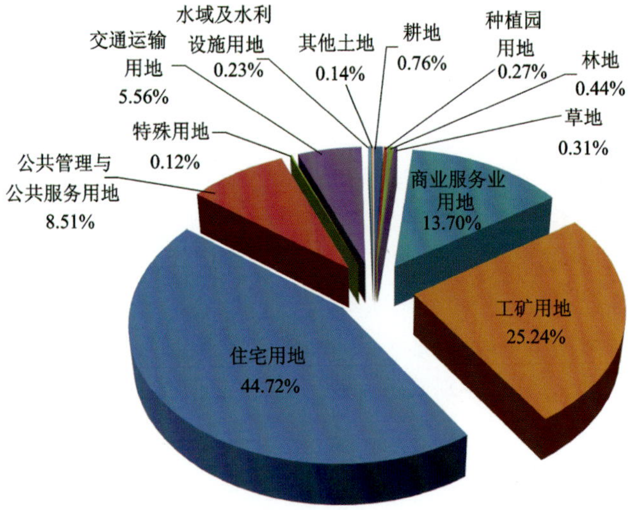

图 13-3　建制镇土地利用分布统计图

四、村庄范围内土地利用构成及分布

秦皇岛市第三次全国国土调查村庄范围内土地包括一级地类 13 个，二级地类 35 个。

依据土地调查工作分类，村庄用地中住宅用地 37 262.58 公顷，占村庄用地总面积的 66.88%；工矿用地 5 347.54 公顷，占村庄用地总面积的 9.60%；商业服务业用地 3 403.48 公顷，占村庄用地总面积的 6.11%；交通运输用地 2 342.32 公顷，占村庄用地总面积的 4.20%；耕地 1 767.79 公顷，占村庄用地总面积的 3.17%；公共管理与公共服务用地 1 695.60 公顷，占村庄用地总面积的 3.04%；林地 1 381.95 公顷，占村庄用地总面积的 2.48%；种植园用地 813.84 公顷，占村庄用地总面积的 1.46%；其他土地 685.27 公顷，占村庄用地总面积的 1.23%；草地 574.45 公顷，占村庄用地总面积的 1.03%；水域及水利设施用地、特殊用地、湿地占比较小，分别占村庄用地总面积的 0.52%、0.27%、0.01%。

村庄总面积 55 714.21 公顷，其中昌黎县村庄占地面积最广，15 714.89 公顷，占村庄用地总面积的 28.21%；其次是青龙满族自治县、卢龙县，分别为 10 163.09 公顷、9 955.20 公顷，占村庄用地总面积的 18.24%、17.87%；再次是抚宁区、海港区，分别为 8 649.01 公顷、7 234.92 公顷，占村庄用地总面积的 15.52%、12.99%；北戴河区、山海关区占比偏少，分别为 2 059.56 公顷、1 937.54 公顷，占村庄用地总面积的 3.70%、3.48%。

村庄用地分布如表 13-18 和图 13-4 所示。

表 13-18　村庄范围内一级地类分布统计表　　单位：公顷

行政区域	秦皇岛市	海港区	山海关区	北戴河区	抚宁区	青龙满族自治县	昌黎县	卢龙县
总计	55 714.21	7 234.92	1 937.54	2 059.56	8 649.01	10 163.09	15 714.89	9 955.20
湿地	2.64	0.61	0.30	0.18	0.87	0.00	0.65	0.03
耕地	1 767.79	182.27	103.84	31.08	164.68	571.09	352.44	362.39
种植园用地	813.84	75.47	16.83	14.07	114.31	393.08	126.03	74.05
林地	1 381.95	209.48	48.60	51.09	182.83	301.54	295.29	293.12

续表 13-18

行政区域	秦皇岛市	海港区	山海关区	北戴河区	抚宁区	青龙满族自治县	昌黎县	卢龙县
草地	574.45	262.05	52.81	31.08	48.93	40.58	111.92	27.08
商业服务业用地	3 403.48	586.94	301.23	176.95	459.52	299.45	1 270.98	308.41
工矿用地	5 347.54	1 907.44	325.31	110.42	853.96	444.29	1 073.12	633.00
住宅用地	37 262.58	3 067.78	816.15	1 354.85	5 969.03	7 364.54	11 122.52	7 567.71
公共管理与公共服务用地	1 695.6	295.89	79.58	143.75	274.37	256.98	379.96	265.07
特殊用地	148.07	60.70	29.11	2.78	35.67	9.79	8.99	1.03
交通运输用地	2 342.32	450.87	105.40	109.10	390.36	405.58	584.68	296.33
水域及水利设施用地	288.68	50.57	19.42	13.44	39.93	36.98	102.12	26.22
其他土地	685.27	84.85	38.96	20.77	114.55	39.19	286.19	100.76

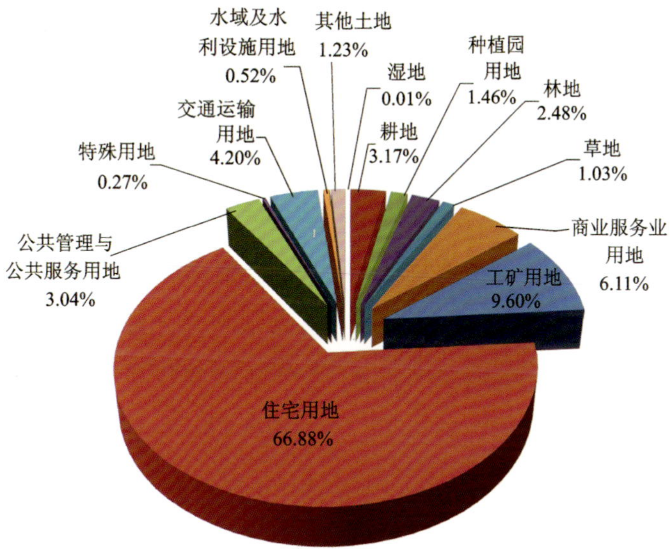

图 13-4　村庄土地利用分布统计图

五、采矿用地范围内土地利用构成及分布

秦皇岛市第三次全国国土调查采矿用地范围内土地包括一级地类 1 个，二级地类 2 个。其中采矿用地最大为 4 991.42 公顷，占工矿用地总面积的 99.96%；工业用地 1.91 公顷，占工矿用地总面积的0.04%。

秦皇岛市第三次全国国土调查采矿用地总面积 4 993.33 公顷，其中青龙满族自治县采矿用地占地面积最广，2 372.03 公顷，占采矿用地总面积的 47.50%；其次是海港区、卢龙县，分别为 1 098.55 公顷、853.99 公顷，占采矿用地总面积的 22.00%、17.10%；再次是昌黎县、抚宁区，分别为 365.38 公顷、

249.17 公顷，占采矿用地总面积的 7.32%、4.99%；山海关区、北戴河区占比偏少，分别为 46.21 公顷、8.00 公顷，占采矿用地总面积的 0.93%、0.16%。

采矿用地分布如表 13-19 所示。

表 13-19　采矿用地范围内一级地类分布统计表　　单位:公顷

行政名称	工矿用地(06)		
	小计(06)	工业用地(0601)	采矿用地(0602)
秦皇岛市	4 993.33	1.91	4 991.42
海港区	1 098.55	0.00	1 098.55
山海关区	46.21	0.00	46.21
北戴河区	8.00	0.00	8.00
抚宁区	249.17	1.91	247.26
青龙满族自治县	2 372.03	0.00	2 372.03
昌黎县	365.38	0.00	365.38
卢龙县	853.99	0.00	853.99

六、风景名胜及特殊用地范围内土地利用构成及分布

秦皇岛市风景名胜及特殊用地总面积 2 328.17 公顷，其中昌黎县风景名胜及特殊用地占地面积最广，为 1 034.46 公顷，占风景名胜及特殊用地总面积的 44.43%；其次是山海关区，为 540.70 公顷，占风景名胜及特殊用地总面积的 23.22%；再次是海港区，315.22 公顷，占风景名胜及特殊用地总面积的 13.54%；北戴河区、抚宁区、卢龙县、青龙满族自治县风景名胜及特殊用地面积占比偏少，分别占 7.70%、6.00%、3.52%、1.59%。

第二节　耕地坡度分级

根据《第三次全国国土调查技术规程》(TD/T 1055—2019)，耕地分为 5 个坡度级。坡度≤2°的视为平地，其他分为梯田和坡地两类。耕地坡度分级及代码见表 13-20。

表 13-20　耕地坡度分级及代码

坡度分级	≤2°	>2°～6°	>6°～15°	>15°～25°	>25°
坡度级代码	1	2	3	4	5

根据第三次全国国土调查结果，秦皇岛市有≤2°的耕地121 843.51公顷，占全市耕地总面积的比例最大，为70.43%；有>2°～6°的耕地20 164.45公顷，占全市耕地总面积的11.66%；有>6°～15°的耕地24 456.78公顷，占全市耕地总面积的14.14%；有>15°～25°的耕地5 367.56公顷，占全市耕地总面积的3.10%；全市坡度级在25°以上的耕地占比较小，面积为1 157.81公顷，仅占全市耕地总面积的0.67%。秦皇岛市耕地坡度构成及分布情况如下。

一、坡度级≤2°耕地

秦皇岛市坡度级≤2°的耕地面积占全市耕地总面积的70.43%，占比最大。各县(区)均有分布，大部分分布在南部冲积平原区和东部沿海区，平原区主要分布在昌黎县和卢龙县；沿海区集中分布在抚宁区。

按行政区域分析，昌黎县坡度级≤2°的耕地最多，面积为58 430.04公顷，占全市坡度级≤2°耕地总面积的47.96%；其次为卢龙县，有坡度级≤2°耕地22 212.54公顷，占全市坡度级≤2°耕地总面积的18.23%；第三位是抚宁区，有坡度级≤2°耕地19 810.00公顷，占全市坡度级≤2°耕地总面积的16.26%。坡度级≤2°耕地面积最少的是山海关区，仅有1 427.84公顷，占全市坡度级≤2°耕地总面积的1.17%。此外，海港区和北戴河区坡度级≤2°耕地也较少，分别为3 800.01公顷和2 912.74公顷，分别占全市坡度级≤2°耕地总面积的3.12%和2.39%。

从坡度级≤2°耕地占本辖区耕地总面积的比例分析，最高的是昌黎县，占比为99.64%；其次为北戴河区，占比为95.72%；第三位是山海关区，占比为67.89%。海港区、卢龙县和青龙满族自治县坡度级≤2°耕地占耕地总面积的比例较小，分别是41.18%、49.47%和53.47%。秦皇岛市坡度级≤2°耕地分布情况见表13-21和图13-5。

表13-21 秦皇岛市坡度级≤2°耕地分布统计表

行政区域	坡度级≤2°耕地面积/公顷	占本辖区耕地总面积的比例/%	占全市坡度级≤2°耕地总面积的比例/%
秦皇岛市	121 843.51	70.43	100.00
海港区	3 800.01	41.18	3.12
山海关区	1 427.84	67.89	1.17
北戴河区	2 912.74	95.72	2.39
抚宁区	19 810.00	65.39	16.26
青龙满族自治县	13 250.34	53.47	10.87
昌黎县	58 430.04	99.64	47.96
卢龙县	22 212.54	49.47	18.23

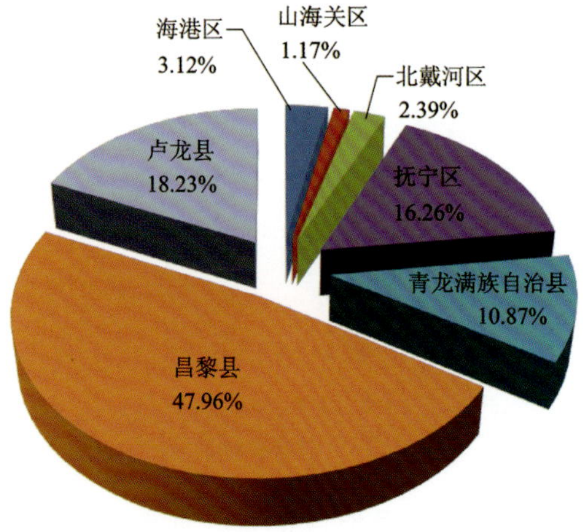

图 13-5 秦皇岛市坡度级≤2°耕地分布统计图

二、坡度级＞2°～6°耕地

秦皇岛市坡度级＞2°～6°的耕地面积有 20 164.45 公顷，占全市耕地总面积的 11.66%。其中梯田面积为 1 800.67 公顷，坡地面积为 18 363.78 公顷，分别占 8.93%和 91.07%。

按行政区域分析，卢龙县坡度级＞2°～6°耕地面积最大，面积为 8 340.90 公顷，占全市坡度级＞2°～6°耕地总面积的 41.36%；其次为抚宁区，有坡度级＞2°～6°耕地 5 238.07 公顷，占全市坡度级＞2°～6°耕地总面积的 25.98%；第三位是海港区，有坡度级＞2°～6°耕地 3 300.51 公顷，占全市坡度级＞2°～6°耕地总面积的 16.37%。坡度级＞2°～6°耕地面积最少的是北戴河区，仅有坡度级＞2°～6°耕地 120.88 公顷，占全市坡度级＞2°～6°耕地总面积的 0.60%。此外，昌黎县和山海关区坡度级＞2°～6°耕地也较少，分别为 164.88 公顷和 608.74 公顷，分别占全市坡度级＞2°～6°耕地总面积的 0.82%和3.02%。

从坡度级＞2°～6°耕地占本辖区耕地总面积的比例分析，最高的是海港区，占比为 35.77%；其次为山海关区，占比为 28.95%；第三位是卢龙县，占比为 18.58%。昌黎县、北戴河区和青龙满族自治县坡度级＞2°～6°耕地占耕地总面积的比例较小，分别是 0.28%、3.97%和 9.65%。秦皇岛市坡度级＞2°～6°耕地分布情况见表 13-22 和图 13-6。

表 13-22 秦皇岛市坡度级＞2°～6°耕地分布统计表

行政区域	坡度级＞2°～6°耕地面积/公顷			占本辖区耕地总面积的比例/%	占全市坡度级＞2°～6°耕地总面积的比例/%
	合计	梯田	坡地		
秦皇岛市	20 164.45	1 800.67	18 363.78	11.66	100.00
海港区	3 300.51	0.00	3 300.51	35.77	16.37
山海关区	608.74	0.00	608.74	28.95	3.02
北戴河区	120.88	0.00	120.88	3.97	0.60
抚宁区	5 238.07	1 723.45	3 514.62	17.29	25.98
青龙满族自治县	2 390.47	77.22	2 313.25	9.65	11.85
昌黎县	164.88	0.00	164.88	0.28	0.82
卢龙县	8 340.90	0.00	8 340.90	18.58	41.36

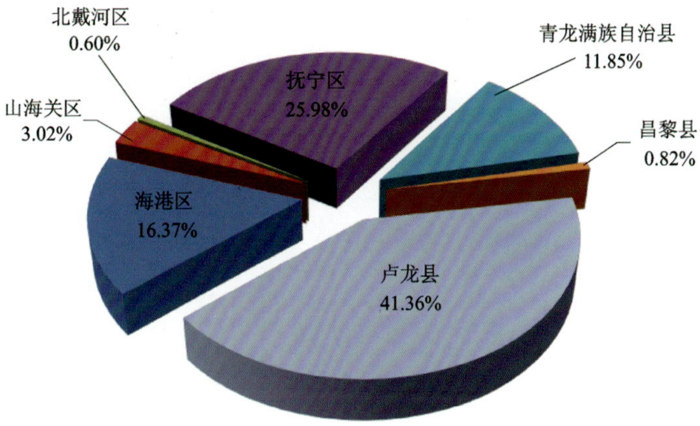

图 13-6 秦皇岛市坡度级>2°~6°耕地分布统计图

三、坡度级>6°~15°耕地

秦皇岛市坡度级>6°~15°的耕地面积有 24 456.78 公顷，占全市耕地总面积的 14.14%。其中梯田面积为 1 604.97 公顷，坡地面积为 22 851.81 公顷，分别占全市耕地总面积的 6.56%和 93.44%。

按行政区域分析，卢龙县坡度级>6°~15°的耕地面积最大，面积为 12 757.43 公顷，占全市坡度级>6°~15°耕地总面积的 52.15%；其次为抚宁区，有坡度级>6°~15°耕地 5 091.22 公顷，占全市坡度级>6°~15°耕地总面积的 20.82%；第三位是青龙满族自治县，有坡度级>6°~15°耕地 4 562.90 公顷，占全市坡度级>6°~15°耕地总面积的 18.66%。坡度级>6°~15°耕地面积最少的是北戴河区，仅有坡度级>6°~15°耕地 9.42 公顷，占全市坡度级>6°~15°耕地总面积的 0.04%。此外，昌黎县和山海关区坡度级>6°~15°耕地也较少，分别为 43.23 公顷和 65.17 公顷，分别占全市坡度级>6°~15°耕地总面积的 0.18%和 0.27%。

从坡度级>6°~15°耕地占本辖区耕地总面积的比例分析，最高的是卢龙县，占比为 28.41%；其次为海港区，占比为 20.89%；第三位是青龙满族自治县，占比为 18.42%。昌黎县、北戴河区和山海关区坡度级>6°~15°耕地占耕地总面积的比例较小，分别是 0.07%、0.31%和 3.10%。秦皇岛市坡度级>6°~15°耕地分布情况见表 13-23 和图 13-7。

表 13-23 秦皇岛市坡度级>6°~15°耕地分布统计表

行政区域	坡度级>6°~15°耕地面积/公顷			占本辖区耕地总面积的比例/%	占全市坡度级>6°~15°耕地总面积的比例/%
	合计	梯田	坡地		
秦皇岛市	24 456.78	1 604.97	22 851.81	14.14	100.00
海港区	1 927.41	0.33	1 927.08	20.89	7.88
山海关区	65.17	0.00	65.17	3.10	0.27
北戴河区	9.42	0.00	9.42	0.31	0.04
抚宁区	5 091.22	1 218.95	3 872.27	16.80	20.82
青龙满族自治县	4 562.90	385.69	4 177.21	18.42	18.66
昌黎县	43.23	0.00	43.23	0.07	0.18
卢龙县	12 757.43	0.00	12 757.43	28.41	52.15

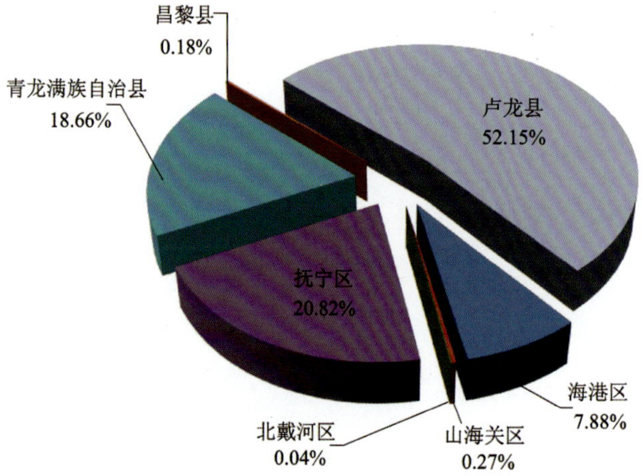

图 13-7　秦皇岛市坡度级>6°～15°耕地分布统计图

四、坡度级>15°～25°耕地

秦皇岛市有坡度级>15°～25°耕地面积 5 367.56 公顷，占全市耕地总面积的 3.10%。其中梯田面积为 475.51 公顷，坡地面积为 4 892.05 公顷，分别占 8.86%和 91.14%。

按行政区域分析，青龙满族自治县坡度级>15°～25°耕地面积最大，为 3 486.28 公顷，占全市坡度级>15°～25°耕地总面积的 64.95%；其次为卢龙县，有坡度级>15°～25°耕地 1 545.83 公顷，占全市坡度级>15°～25°耕地总面积的 28.80%；第三位是海港区，有坡度级>15°～25°耕地 179.75 公顷，占全市坡度级>15°～25°耕地总面积的 3.35%。北戴河区没有坡度级>15°～25°耕地。除此之外，坡度级>15°～25°耕地面积最少的是山海关区，仅有坡度级>15°～25°耕地 1.36 公顷，占全市坡度级>15°～25°耕地总面积的 0.03%。此外，昌黎县的坡度级>15°～25°耕地也较少，有 2.21 公顷，占全市坡度级>15°～25°耕地总面积的 0.04%。

从坡度级>15°～25°耕地占本辖区耕地总面积的比例分析，最高的是青龙满族自治县，占比为 14.07%；其次为卢龙县，占比为 3.44%；第三位是海港区，占比为 1.95%。北戴河区、昌黎县和山海关区坡度级>15°～25°耕地占耕地总面积的比例较小，分别是 0.00%、0.01%和 0.06%。秦皇岛市坡度级>15°～25°耕地分布情况见表 13-24 和图 13-8。

表 13-24　秦皇岛市坡度级>15°～25°耕地分布统计表

行政区域	坡度级>15°～25°耕地面积/公顷			占本辖区耕地总面积的比例/%	占全市坡度级>15°～25°耕地总面积的比例/%
	合计	梯田	坡地		
秦皇岛市	5 367.56	475.51	4 892.05	3.10	100.00
海港区	179.75	0.00	179.75	1.95	3.35
山海关区	1.36	0.00	1.36	0.06	0.03
北戴河区	0.00	0.00	0.00	0.00	0.00
抚宁区	152.13	10.46	141.67	0.50	2.83
青龙满族自治县	3 486.28	465.05	3 021.23	14.07	64.95
昌黎县	2.21	0.00	2.21	0.01	0.04
卢龙县	1 545.83	0.00	1 545.83	3.44	28.80

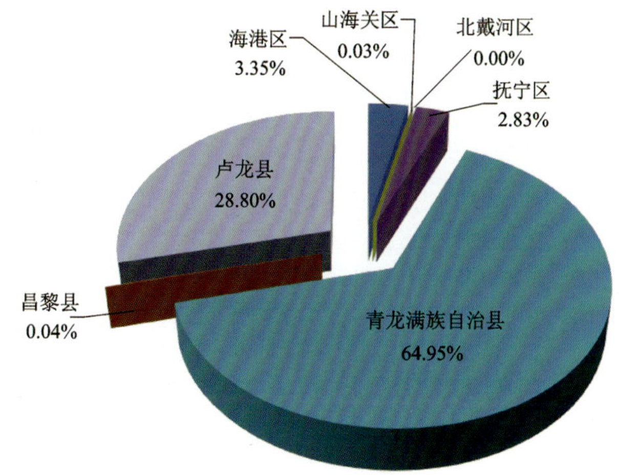

图 13-8　秦皇岛市坡度级>15°～25°耕地分布统计图

五、坡度级>25°耕地

秦皇岛市有坡度级>25°耕地面积 1 157.81 公顷，占全市耕地总面积的 0.67%。其中梯田面积为 68.47 公顷，坡地面积为 1 089.34 公顷，分别占 5.91%和 94.09%。

按行政区域分析，青龙满族自治县坡度级>25°耕地面积最大，面积为 1 086.87 公顷，占全市坡度级>25°耕地总面积的 93.87%；其次为卢龙县，有坡度级>25°耕地 45.96 公顷，占全市坡度级>25°耕地总面积的 3.97%；第三位是海港区，有坡度级>25°耕地 19.32 公顷，占全市坡度级>25°耕地总面积的 1.67%。山海关区、北戴河区和昌黎县没有坡度级>25°耕地。此外，坡度级>25°耕地面积最少的是抚宁区，仅有坡度级>25°耕地 5.66 公顷，占全市坡度级>25°耕地总面积的 0.49%。

从坡度级>25°耕地占本辖区耕地总面积的比例分析，最高的是青龙满族自治县，占比为 4.39%；其次为海港区，占比为 0.21%；第三位是卢龙县，占比为 0.10%。除了山海关区、北戴河区、昌黎县没有坡度级>25°耕地外，抚宁区坡度级>25°耕地占耕地总面积的比例较小，为 0.02%。秦皇岛市坡度级>25°耕地分布情况见表 13-25 和图 13-9。

表 13-25　秦皇岛市坡度级>25°耕地分布统计表

行政区域	坡度级>25°耕地面积/公顷			占本辖区耕地总面积的比例/%	占全市坡度级>25°耕地总面积的比例/%
	合计	梯田	坡地		
秦皇岛市	1 157.81	68.47	1 089.34	0.67	100.00
海港区	19.32	0.00	19.32	0.21	1.67
山海关区	0.00	0.00	0.00	0.00	0.00
北戴河区	0.00	0.00	0.00	0.00	0.00
抚宁区	5.66	0.00	5.66	0.02	0.49
青龙满族自治县	1 086.87	68.47	1 018.40	4.39	93.87
昌黎县	0.00	0.00	0.00	0.00	0.00
卢龙县	45.96	0.00	45.96	0.10	3.97

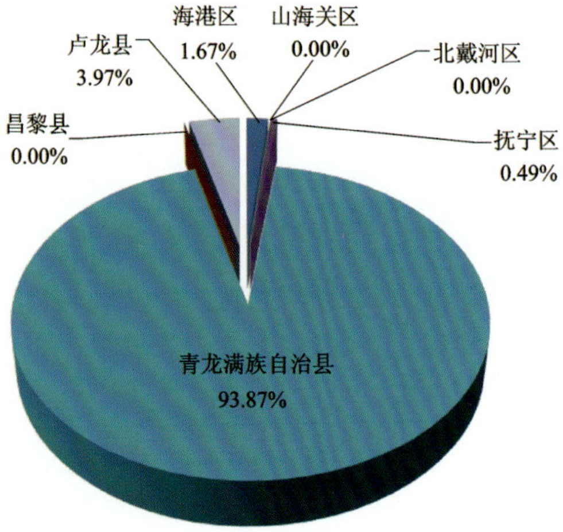

图 13-9　秦皇岛市坡度级＞25°耕地分布统计图

第三节　耕地种植类型调查

秦皇岛市第三次全国国土调查数据显示耕地面积为 172 990.11 公顷，水田 9 725.77 公顷，水浇地 59 645.06 公顷，旱地 103 619.28 公顷。

第三次全国国土调查种植粮食作物耕地面积为 143 861.83 公顷，占全市耕地的 83.16%，其中旱地种植粮食作物居多，为 93 226.12 公顷，占耕地总量的 53.89%；水浇地种植粮食作物 41 950.01 公顷，占耕地总量的 24.25%；水田种植粮食作物 8 685.70 公顷，占耕地总量的 5.02%。种植非粮食作物耕地面积为 7 230.66 公顷，占耕地总量的 4.18%；其中水浇地种植非粮食作物居多，为 5 322.47 公顷，占耕地总量的 3.08%；旱地种植非粮食作物 1 860.00 公顷，占耕地总量的 1.08%；水田种植非粮食作物 48.19 公顷，占耕地总量的 0.03%。粮与非粮轮作＋林粮间作耕地面积为 15 948.30 公顷，占耕地总量的 9.22%，其中水浇地居多，为 11 058.85 公顷，占耕地总量的 6.39%；旱地 4 503.88 公顷，占耕地总量的 2.60%，水田 385.57 公顷，占耕地总量的 0.22%。休耕面积 0.06 公顷，都是水浇地。未耕种面积为 5 949.26 公顷，占耕地总量的 3.44%，其中旱地未耕种面积 4 029.28 公顷，占耕地总量的 2.33%；水浇地未耕种面积 1 313.67 公顷，占耕地总量的 0.76%；水田未耕种面积 606.31 公顷，占耕地总量的 0.35%。耕地种植类型分类统计如表 13-26 和图 13-10 所示。

表 13-26　耕地种植类型分类统计表

地类	合计	种植粮食作物 (LS)	种植非粮食作物 (FLS)	粮与非粮轮作＋林粮间作 (LYFL＋ LLJZ)	休耕 (XG)	未耕种 (WG)
耕地面积/公顷	172 990.11	143 861.83	7 230.66	15 948.30	0.06	5 949.26
占比/%	100.00	83.16	4.18	9.22	0.00	3.44
水田面积/公顷	9 725.77	8 685.70	48.19	385.57	0.00	606.31
占比/%	5.62	5.02	0.03	0.22	0.00	0.35
水浇地面积/公顷	59 645.06	41 950.01	5 322.47	11 058.85	0.06	1 313.67
占比/%	34.48	24.25	3.08	6.39	0.00	0.76
旱地面积/公顷	103 619.28	93 226.12	1 860.00	4 503.88	0.00	4 029.28
占比/%	59.90	53.89	1.08	2.60	0.00	2.33

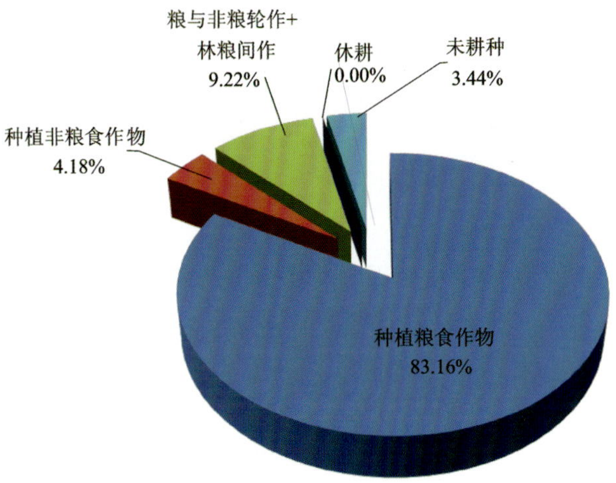

图 13-10 耕地种植类型分类统计图

秦皇岛市种植粮食作物的耕地主要分布在卢龙县和昌黎县，分别占种植粮食作物耕地总量的30.18%、28.08%，其次是抚宁区和青龙满族自治县，分别占种植粮食作物耕地总量的 17.23%、16.20%；种植非粮食作物的耕地主要分布在昌黎县，占种植非粮食作物耕地总量的 62.65%；粮与非粮轮作＋林粮间作的耕地主要分布在昌黎县，占粮与非粮轮作＋林粮间作耕地总面积的 74.16%；休耕面积占比相对小；未耕种的耕地主要分布在抚宁区和昌黎县，分别占未耕种耕地总量的 26.37%、25.93%。耕地种植类型分类统计如表 13-27 和图 13-11 所示。

表 13-27 耕地种植类型分布统计表 单位：公顷

行政区域	合计	种植粮食作物 (LS)	种植非粮食作物 (FLS)	粮与非粮轮作＋林粮间作 (LYFL＋LLJZ)	休耕 (XG)	未耕种 (WG)
秦皇岛市	172 990.11	143 861.83	7 230.66	15 948.30	0.06	5 949.26
海港区	9 227.00	8 199.24	323.21	116.42	0.00	588.13
山海关区	2 103.11	1 180.29	556.75	38.88	0.00	327.19
北戴河区	3 043.04	2 412.65	188.73	213.99	0.00	227.67
抚宁区	30 297.08	24 893.26	806.95	3 021.92	0.00	1 574.95
青龙满族自治县	24 776.86	23 101.15	409.15	592.95	0.06	673.55
昌黎县	58 640.36	40 591.87	4 631.26	11 865.61	0.00	1 551.62
卢龙县	44 902.66	43 483.37	314.61	98.53	0.00	1 006.15

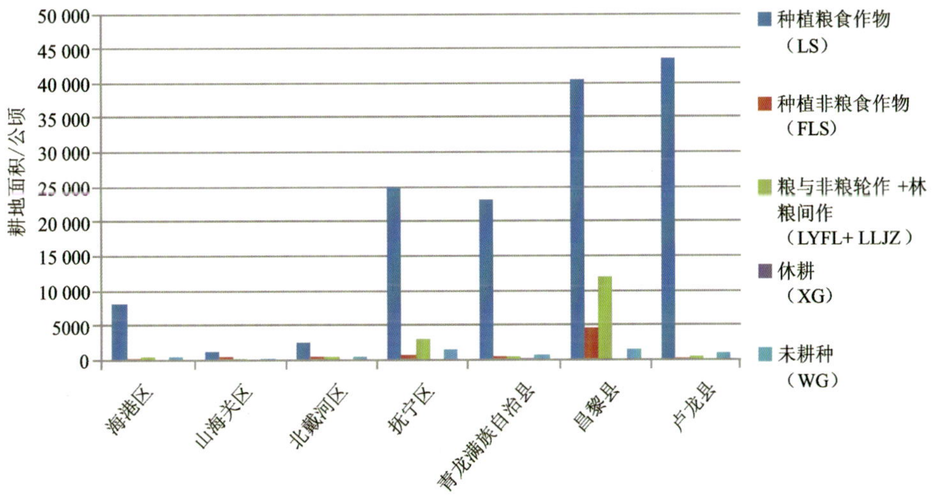

图 13-11 耕地种植类型分类分布图

第四节　耕地细化调查

秦皇岛市只涉及河道湖区耕地(833.10 公顷)和林区耕地(1.00 公顷)。

河道湖区耕地主要分布:昌黎县(233.25 公顷)占河道湖区耕地总面积的 28.00%,青龙满族自治县(197.24 公顷)占河道湖区耕地总面积的 23.67%,卢龙县(172.82 公顷)占河道湖区耕地总面积的 20.74%,抚宁区(161.71 公顷)占河道湖区耕地总面积的 19.41%,海港区(50.97 公顷)占河道湖区耕地总面积的 6.12%,山海关区(10.63 公顷)占河道湖区耕地总面积的 1.28%,北戴河区(6.48 公顷)占河道湖区耕地总面积的 0.78%。

林区耕地仅分布在北戴河区(0.61 公顷)、卢龙县(0.21 公顷)、昌黎县(0.18 公顷)。

耕地细化调查情况如表 13-28 所示。

表 13-28　耕地细化调查情况统计表　　单位:公顷

行政区域	合计	河道湖区耕地(HDGD)	林区耕地(LQGD)
秦皇岛市	834.10	833.10	1.00
海港区	50.97	50.97	0.00
山海关区	10.63	10.63	0.00
北戴河区	7.09	6.48	0.61
抚宁区	161.71	161.71	0.00
青龙满族自治县	197.24	197.24	0.00
昌黎县	233.43	233.25	0.18
卢龙县	173.03	172.82	0.21

第五节　可调整地类

秦皇岛市可调整地类面积 319.61 公顷,秦皇岛市含有可调整果园、可调整其他园地、可调整乔木林地、可调整其他林地和可调整养殖坑塘 5 个二级地类,且只在海港区、北戴河区有分布,其余区县均不涉及。秦皇岛市共有可调整果园 244.60 公顷,占可调整地类总面积的 76.53%,且全部在海港区;可调整其他园地 2.85 公顷,占可调整地类总面积的 0.89%,也全部在海港区;可调整乔木林地面积 54.87 公顷,占可调整地类总面积的 17.17%,15.94%分布在海港区,1.23%分布在北戴河区;可调整其他林地面积 17.12 公顷,占可调整地类总面积的 5.36%,3.90%分布在海港区,1.46%分布在北戴河区;可调整养殖坑塘 0.17 公顷,占可调整地类总面积的 0.05%,且全部在海港区。可调整地类面积汇总如表 13-29 所示。

表 13-29　可调整地类面积汇总表

行政区域	可调整地类						
	合计		可调整果园	可调整其他园地	可调整乔木林地	可调整其他林地	可调整养殖坑塘
秦皇岛市	面积/公顷	319.61	244.60	2.85	54.87	17.12	0.17
	占比/%	100.00	76.53	0.89	17.17	5.36	0.05
海港区	面积/公顷	311.03	244.60	2.85	50.95	12.46	0.17
	占比/%	97.31	76.53	0.89	15.94	3.90	0.05
北戴河区	面积/公顷	8.58	0.00	0.00	3.92	4.66	0.00
	占比/%	2.69	0.00	0.00	1.23	1.46	0.00

第六节　即可恢复与工程恢复种植属性调查

一、总体情况及分布特征

秦皇岛市即可恢复与工程恢复土地总计 37 158.72 公顷，其中：即可恢复8 799.14 公顷，占23.68%；工程恢复 28 359.34 公顷，占 76.32%。可恢复土地分布较多的是卢龙县、青龙满族自治县、昌黎县，分别是 7 792.38 公顷、7 750.93 公顷、7 639.09 公顷，占 20.97%、20.86%、20.56%，其次是抚宁区、海港区，分别是 6 544.39 公顷、3 728.57 公顷，占 17.61%、10.03%，然后依次是北戴河区（2 478.92 公顷，占 6.67%）、山海关区（1 224.44 公顷，占 3.30%）。可恢复情况统计如表 13-30 和图 13-12 所示。

表 13-30　即可恢复与工程恢复种植属性汇总统计表　单位：公顷

行政区域	合计	占比/%	即可恢复	占比/%	工程恢复	占比/%
秦皇岛市	37 158.72	100.00	8 799.14	23.68	28 359.34	76.32
海港区	3 728.57	10.03	287.75	0.77	3 440.81	9.26
山海关区	1 224.44	3.30	99.79	0.27	1 124.65	3.03
北戴河区	2 478.92	6.67	1 231.5	3.31	1 247.39	3.36
抚宁区	6 544.39	17.61	1 377.27	3.71	5 167.08	13.91
青龙满族自治县	7 750.93	20.86	2 097.04	5.64	5 653.83	15.22
昌黎县	7 639.09	20.56	1 267.93	3.41	6 371.13	17.15
卢龙县	7 792.38	20.97	2 437.86	6.56	5 354.45	14.41

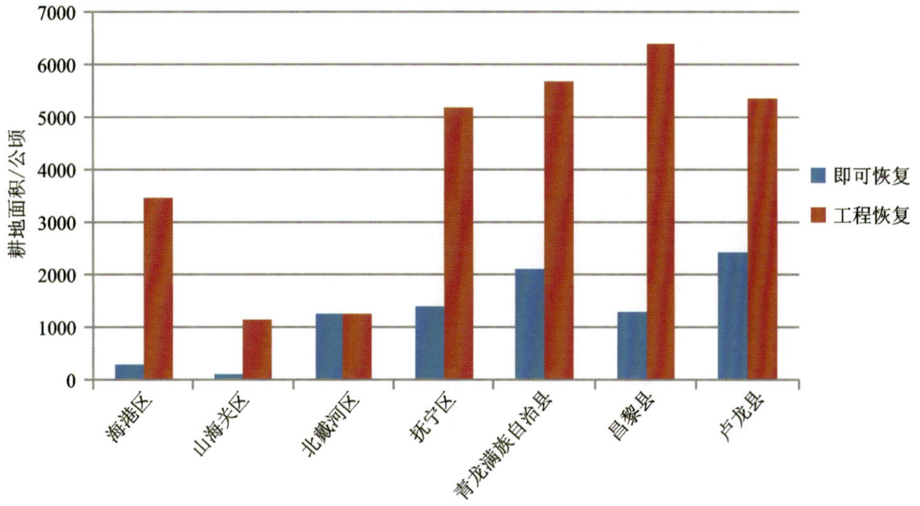

图 13-12　即可恢复与工程恢复种植属性分布图

二、即可恢复二级地类分布情况

秦皇岛市即可恢复土地对应的二级地类有果园、其他园地、乔木林地、灌木林地、其他林地和坑塘水面。即可恢复土地总量 8 799.14 公顷。

果园最多，为 4 112.18 公顷，占即可恢复土地总量的 46.73%，主要分布在青龙满族自治县(1 713.16 公顷)、卢龙县(1 023.70 公顷)、抚宁区(651.58 公顷)。其次是其他林地，为 3 649.48 公顷，占即可恢复土地总量的 41.48%，主要分布在卢龙县(1 024.91 公顷)和昌黎县(918.26 公顷)。再次是北戴河区和抚宁区，分别是 755.65 公顷、645.73 公顷。然后是乔木林地，为 794.33 公顷，占即可恢复土地总量的 9.03%，主要分布在卢龙县(380.78 公顷)、青龙满族自治县(160.33 公顷)、北戴河区(121.06 公顷)。其他园地只有 130.90 公顷即可恢复土地，主要分布在北戴河区(122.77 公顷)。灌木林地只有 101.67 公顷即可恢复土地，主要分布在青龙满族自治县(91.46 公顷)。坑塘水面只有 10.58 公顷即可恢复土地，主要分布在抚宁区(10.44 公顷)。

即可恢复土地情况如表 13-31 所示。

表 13-31　即可恢复种植属性各地类分布统计表　　单位：公顷

行政区域	即可恢复						
	小计	果园	其他园地	乔木林地	灌木林地	其他林地	坑塘水面
秦皇岛市	8 799.14	4 112.18	130.90	794.33	101.67	3 649.48	10.58
海港区	287.75	119.07	0.00	6.93	1.50	160.25	0.00
山海关区	99.79	81.95	0.49	2.13	0.00	15.20	0.02
北戴河区	1 231.50	231.90	122.77	121.06	0.00	755.65	0.12
抚宁区	1 377.27	651.58	1.47	67.81	0.24	645.73	10.44
青龙满族自治县	2 097.04	1 713.16	2.61	160.33	91.46	129.48	0.00
昌黎县	1 267.93	290.82	3.56	55.29	0.00	918.26	0.00
卢龙县	2 437.86	1 023.70	0.00	380.78	8.47	1 024.91	0.00

三、工程恢复二级地类分布情况

秦皇岛市工程恢复土地对应的地类有林地、草地、园地和坑塘水面。工程恢复土地总量 28 359.34 公顷。

园地最多，为 15 156.66 公顷，占工程恢复土地总量的 53.45%，主要分布在青龙满族自治县（4 887.94 公顷）、抚宁区（2 824.24 公顷）、卢龙县（2 202.10 公顷）、昌黎县（2 117.63 公顷）、海港区（1 982.99 公顷）。其次是林地，为 12 606.64 公顷，占工程恢复土地总量的 44.45%，昌黎县和卢龙县分布稍多，分别是 4 073.65 公顷、2 986.46 公顷，其次是抚宁区（2 224.62 公顷）、海港区（1 415.32 公顷）、北戴河区（942.72 公顷）、青龙满族自治县（753.77 公顷）。山海关区最少，为 210.10 公顷。然后是坑塘水面，为 564.28 公顷，占工程恢复土地总量的 1.99%，昌黎县、卢龙县和抚宁区分布较多，分别是 179.72 公顷、165.89 公顷、118.21 公顷，其余各县区相对分布较少。草地，为 31.77 公顷，占工程恢复土地总量的 0.11%，主要分布在北戴河区（31.39 公顷）。

工程恢复土地情况如表 13-32 所示。

表 13-32　工程恢复种植属性各地类分布统计表　单位：公顷

行政区域	工程恢复				
	小计	林地	草地	园地	坑塘水面
秦皇岛市	28 359.34	12 606.64	31.77	15 156.66	564.28
海港区	3 440.81	1 415.32	0.03	1 982.99	42.47
山海关区	1 124.65	210.10	0.00	892.75	21.80
北戴河区	1 247.39	942.72	31.39	249.00	24.28
抚宁区	5 167.08	2 224.62	0.01	2 824.24	118.21
青龙满族自治县	5 653.83	753.77	0.21	4 887.94	11.91
昌黎县	6 371.13	4 073.65	0.13	2 117.63	179.72
卢龙县	5 354.45	2 986.46	0.00	2 202.10	165.89

第七节　部分细化地类

秦皇岛市高教用地 389.67 公顷，主要分布在海港区和北戴河区；广场用地 78.74 公顷，主要分布在海港区、昌黎县；养殖坑塘 2 732.78 公顷，主要分布在昌黎县；干渠 6.06 公顷，主要分布在北戴河区；城市独立工业用地 2.74 公顷，仅分布在山海关区；建制镇独立工业用地 23.75 公顷，主要分布在昌黎县；村庄独立工业用地 770.36 顷，主要分布在卢龙县、青龙满族自治县、昌黎县和抚宁区。

部分细化地类情况如表 13-33 所示。

表 13-33 部分细化地类分布统计表 单位:公顷

行政区域	科教文卫用地(08H2)	公园与绿地(0810)	坑塘水面(1104)	沟渠(1107)	城镇村及工矿用地(20)			
	高教用地(08H2A)	广场用地(0810A)	养殖坑塘(1104A)	干渠(1107A)	合计	城市独立工业用地(201A)	建制镇独立工业用地(202A)	村庄独立工业用地(203A)
秦皇岛市	389.67	78.74	2 732.78	6.06	796.85	2.74	23.75	770.36
海港区	248.96	17.63	22.24	0.10	97.39	0.00	1.84	95.55
山海关区	0.00	8.01	6.46	0.24	47.85	2.74	0.00	45.11
北戴河区	112.98	9.90	42.25	5.72	27.00	0.00	0.00	27.00
抚宁区	0.00	10.64	12.78	0.00	136.32	0.00	1.09	135.23
青龙满族自治县	0.00	9.61	8.17	0.00	147.02	0.00	1.80	145.22
昌黎县	27.73	13.99	2 611.14	0.00	156.48	0.00	18.39	138.09
卢龙县	0.00	8.96	29.74	0.00	184.79	0.00	0.63	184.16

第八节 废弃与垃圾填埋细化标注

秦皇岛市仅涉及废弃用地 128.49 公顷,包括废弃采矿用地和废弃铁路用地两个二级地类。

废弃采矿用地 113.98 公顷,占废弃用地的 88.71%,主要分布在山海关区(32.69 公顷)、卢龙县(32.44 公顷);其次是海港区(19.11 公顷)、抚宁区(14.66 公顷)、青龙满族自治县(14.10 公顷);昌黎县和北戴河区分布较少,分别是 0.62 公顷、0.36 公顷。

废弃铁路用地 14.51 公顷,占废弃用地的 11.29%,主要分布在海港区(6.10 公顷)、昌黎县(6.04 公顷);其次是山海关区(1.17 公顷);北戴河区和抚宁区分布较少,分别是 0.83 公顷、0.37 公顷;青龙满族自治县和卢龙县没有废弃铁路用地。

废弃用地情况如表 13-34 所示。

表 13-34 废弃用地分布统计表 单位:公顷

行政区域	废弃(FQ)		
	小计	采矿用地	铁路用地
秦皇岛市	128.49	113.98	14.51
海港区	25.21	19.11	6.10
山海关区	33.86	32.69	1.17
北戴河区	1.19	0.36	0.83
抚宁区	15.03	14.66	0.37
青龙满族自治县	14.10	14.10	0.00
昌黎县	6.66	0.62	6.04
卢龙县	32.44	32.44	0.00

第九节　工业用地按类型标注调查

秦皇岛市标注的工业用地 410.90 公顷，没有电解铝工业用地。水泥工业用地最多，为 142.99 公顷，主要分布在海港区（83.09 公顷）、卢龙县（33.84 公顷）、抚宁区（24.44 公顷）、青龙满族自治县（1.62 公顷），其余区县没有水泥工业用地。玻璃工业用地 99.72 公顷，主要分布在海港区（92.12 公顷）、抚宁区（7.60 公顷），其余区县没有玻璃工业用地。火电工业用地 93.48 公顷，主要分布在海港区（88.39 公顷）、卢龙县（5.09 公顷），其余区县没有火电工业用地。钢铁工业用地 74.68 公顷，主要分布在卢龙县（72.70 公顷）、海港区（1.26 公顷）、抚宁区（0.72 公顷），其余区县没有钢铁工业用地。煤炭工业用地 0.03 公顷，仅分布在抚宁区。

工业用地按类型汇总如表 13-35 所示。

表 13-35　工业用地按类型汇总统计表　　单位：公顷

行政区域	工业用地					
	合计	火电工业用地 (HDGY)	钢铁工业用地 (GTGY)	煤炭工业用地 (MTGY)	水泥工业用地 (SNGY)	玻璃工业用地 (BLGY)
秦皇岛市	410.90	93.48	74.68	0.03	142.99	99.72
海港区	264.86	88.39	1.26	0.00	83.09	92.12
山海关区	0.00	0.00	0.00	0.00	0.00	0.00
北戴河区	0.00	0.00	0.00	0.00	0.00	0.00
抚宁区	32.79	0.00	0.72	0.03	24.44	7.60
青龙满族自治县	1.62	0.00	0.00	0.00	1.62	0.00
昌黎县	0.00	0.00	0.00	0.00	0.00	0.00
卢龙县	111.63	5.09	72.70	0.00	33.84	0.00

第十节　林区范围内种植园用地调查

秦皇岛市仅北戴河区有 4.23 公顷的果园在林区范围内。

第十一节　灌丛草地汇总

秦皇岛市仅青龙满族自治县 9 924.28 公顷的其他草地调查为灌丛草地。

第十二节　海岛调查

秦皇岛市南邻渤海，本次调查海岛面积 8.55 公顷，主要分布在北戴河区（4.71 公顷）、昌黎县（3.21

公顷)、抚宁区(0.35 公顷)、海港区(0.28 公顷)。如表 13-36 所示。

表 13-36　海岛土地利用面积汇总表　　单位:公顷

所在行政区域	海岛面积	湿地沿海滩涂
秦皇岛市	8.55	8.55
海港区	0.28	0.28
北戴河区	4.71	4.71
抚宁区	0.35	0.35
昌黎县	3.21	3.21

3 土地利用变化分析

秦皇岛

第十四章　土地利用变化及其利用特点

按照国家下发的对比口径、分析用表，对三调与二调数据进行比对，分析地类变化情况和各地类变化流量、流向等。

第一节　市域及县域面积变化情况

第三次全国国土调查的调查界线是以国界线、零米等深线（即经修改的低潮线）和各级行政区界线为基础，统一确定的调查控制界线，自上而下逐级提供调查使用。

秦皇岛市市域控制界线涉及零米等深线和围填海造地调整。沿海陆地及岛屿零米等深线的调整，依据海军参谋部航海保证局（以下简称海军航保局）提供的最新海洋基础测绘成果进行调整；围填海造地是依据最新遥感影像将新修建人工岸（港口、码头）、围填海造地等造成的实地变化，报第三次全国国土调查领导小组办公室海域海岛管理司、海军航保局审核批准后，进行相应调整。

一、市域面积变化分析

秦皇岛市第二次全国土地调查总面积与第三次全国国土调查控制面积相比较，净增加了 772.61 公顷。

主要原因在于：一是围填海造地，导致市域总面积发生变化，主要分布在山海关区和昌黎县；二是沿海陆地及岛屿零米等深线的调整，导致海岛面积发生细微变化；三是两次的坐标参考系统不同，导致控制面积计算上发生细微变化，二调为 1980 西安坐标系，三调为中国 2000 国家大地坐标系，参考椭球不同。

二、县域面积变化分析

2015 年，国务院批复同意秦皇岛市部分行政区划调整，撤销秦皇岛市抚宁县，设立秦皇岛市抚宁区；将原抚宁县的石门寨镇、驻操营镇、杜庄镇划归秦皇岛市海港区；将原抚宁县的牛头崖镇划归秦皇岛市北戴河区。至此，秦皇岛市由原 3 区 4 县变为现在的 4 区 3 县。

县域区划调整明细如表 14-1 所示。

表 14-1　二调与三调区划调整明细表

原二调行政区			调整后三调行政区		
县级行政名称	乡级行政代码	乡级行政名称	县行政名称	乡级行政代码	乡级行政名称
抚宁县（130323）	130323104	石门寨镇	海港区（130302）	130302105	石门寨镇
	130323107	驻操营镇		130302106	驻操营镇
	130323108	杜庄镇		130302107	杜庄镇
	130323103	牛头崖镇	北戴河区（130304）	130304102	牛头崖镇

海港区三调控制面积较二调净增加了 47 294.84 公顷，北戴河区调整后净增加了 9 010.08 公顷，抚宁区调整后净减少了 56 190.79 公顷，主要原因是区划调整引起的控制面积变化。秦皇岛市此次行政区划调整，一是有利于构筑具有秦皇岛特色的产业体系。城市区扩容可以优化生产力布局，加快产业转型升级，培育壮大特色主导产业，有力推动科学发展。二是有利于促进城乡一体化发展。区划调整后，由市一级负责统一编制和实施发展规划，统一产业布局和结构调整，统一基础设施和公共设施建设，统一土地资源利用和社会管理，可大大增强城乡发展的整体性和协调性，更好地实现城乡统筹规划管理。三是有利于完善城市功能。此次调整，将继续坚持秦皇岛市组团式城市发展模式，可以疏解人口密度，缓解交通压力，改善生态环境，全面提高城市承载力，提升城市辐射带动功能和核心竞争力。四是有利于资源优化配置。抚宁区拥有丰富的海洋、土地、旅游等资源，撤县设区后，可以打破行政壁垒阻隔，有效促进资源优化配置，增强秦皇岛全市经济实力和发展后劲，进而为秦皇岛在京津冀协同发展中争取更大作为奠定坚实基础。

山海关区三调控制面积较二调净增加了 606.45 公顷，昌黎县净增加了 56.66 公顷，主要原因是围填海造地增加了陆地使用面积。

青龙满族自治县三调控制面积较二调净增加了 3.73 公顷，卢龙县净增加了 1.64 公顷，主要原因是两次坐标参考系不同，导致了控制面积计算上的差异。

第二节　三大地类变化情况

依据《第三次全国国土调查技术规程》（TD/T 1055—2019），将二级地类按照第三次全国国土调查工作分类与《中华人民共和国土地管理法》“三大类”对照表（表 14-2）进行归并，汇总面积进行比对分析。

表 14-2　三调“三大类”对照表

三大类	土地利用现状分类		三大类	土地利用现状分类	
	类型编码	类型名称		类型编码	类型名称
农用地	水田	0101	建设用地	物流仓储用地	0508
	水浇地	0102		商业服务业设施用地	05H1
	旱地	0103		工业用地	0601
	果园	0201		采矿用地	0602
	茶园	0202		盐田	0603
	橡胶园	0203		城镇住宅用地	0701
	其他园地	0204		农村宅基地	0702
	乔木林地	0301		公用设施用地	0809

续表 14-2

三大类	土地利用现状分类		三大类	土地利用现状分类	
	类型编码	类型名称		类型编码	类型名称
农用地	竹林地	0302	建设用地	公园与绿地	0810
	红树林地	0303		机关团体新闻出版用地	08H1
	森林沼泽	0304		科教文卫用地	08H2
	灌木林地	0305		特殊用地	09
	灌丛沼泽	0306		铁路用地	1001
	其他林地	0307		轨道交通用地	1002
	天然牧草地	0401		公路用地	1003
	沼泽草地	0402		城镇村道路用地	1004
	人工牧草地	0403		交通服务场站用地	1005
	农村道路	1006		机场用地	1007
	水库水面	1103		港口码头用地	1008
	坑塘水面	1104		管道运输用地	1009
	沟渠	1107		水工建筑用地	1109
	设施农用地	1202		空闲地	1201
	田坎	1203	未利用地	沼泽地	1108
未利用地	其他草地	0404		冰川及永久积雪	1110
	河流水面	1101		盐碱地	1204
	湖泊水面	1102		沙地	1205
	沿海滩涂	1105		裸土地	1206
	内陆滩涂	1106		裸岩石砾地	1207

汇总结果[①]如表 14-3 和图 14-1 所示。

表 14-3　三调与二调土地利用三大类面积对比表　　单位:公顷

项目	农用地	建设用地	未利用地
较二调增加	89 964.78	21 092.19	5 500.68
较二调减少	21 419.75	3 168.75	91 969.15
净增加(或减少)	68 545.03	17 923.44	−86 468.47

一、农用地变化情况

秦皇岛市农用地三调统一时点数据较二调数据增加了 89 964.78 公顷,其中 2 116.99 公顷来源于建设用地,占增加量的 2.35%,87 847.79 公顷来源于未利用地,占增加量的 97.65%。

增加的主要原因:一是森林资源保护意识增强,“绿水青山就是金山银山”理念深入人心,未利用地

① 注意:二级类水库水面三调技术规程中归于农用地,二调归于建设用地,此次统一到农用地下进行对比。

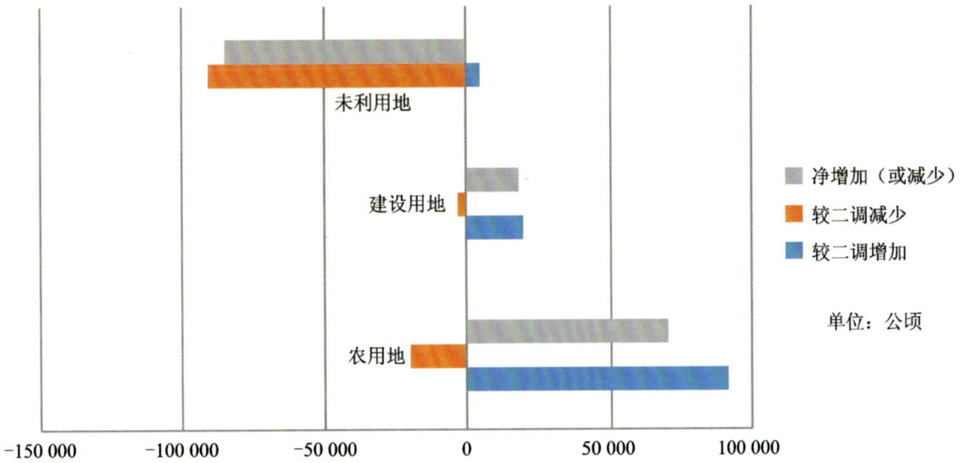

图 14-1 三调与二调土地利用三大类面积对比图

植树造林，增加了林地覆盖率，在全省列第二位；二是开荒种植果树，昌黎县、青龙满族自治县大规模地种植葡萄、苹果，山海关区的大樱桃文明全国。

农用地三调统一时点数据较二调数据减少了 21 419.75 公顷，其中 16 970.83 公顷流向建设用地、4 448.92 公顷流向未利用地。

减少的主要原因：一是 10 年间，随着城镇化进程的加快，建设用地不断增加的同时，地区生产总值和常住人口城镇化都呈现增长的态势，建设用地的增加与经济社会发展的用地需求总体相适应；二是二调时期的园地和林地因土地肥力不足、河道占用等原因导致农用地减少、坑塘水位下降、利用率不高，使得坑塘荒草丛生。

二、建设用地变化情况

秦皇岛市建设用地三调统一时点数据较二调数据增加了 21 092.19 公顷，其中 16 970.83 公顷来源于农用地，占增加量的 80.46%；4 121.36 公顷来源于未利用地，占增加量的 19.54%。

人口增长、收入水平的提高和快速城镇化、工业化等是推动建设用地增长的主要因素。

建设用地三调统一时点数据较二调数据减少了 3 168.75 公顷，其中 2 116.99 公顷流向农用地，1 051.76公顷流向未利用地。

减少的主要原因：建设用地拆除并植树造林、土地整治等。

三、未利用地变化情况

秦皇岛市未利用地三调统一时点数据较二调数据增加了 5 500.68 公顷，其中 4 448.92 公顷来源于农用地，占增加量的 80.88%；1 051.76 公顷来源于建设用地，占增加量的 19.12%。

增加的主要原因：一是三调中绿化草地按照其他草地调查，标注恢复属性；二是撂荒的、毁坏的园地、林地导致未利用地增加；三是河道治理改向等原因，增加了河流水面用地。

未利用地三调统一时点数据较二调数据减少了 91 969.15 公顷，其中 87 847.79 公顷流向农用地、4 121.36公顷流向建设用地。

减少的主要原因：深入贯彻落实科学发展观，科学规范开发未利用地，增加土地有效供给、拓展建设用地新空间、缓解用地供需矛盾、促进城乡统筹发展。

第三节　一级地类变化情况

按照建设用地汇总口径，将三调地类中的城镇村等建设用地倒推至二调归并地类城镇村及工矿用地，将二调地类中沿海滩涂、内陆滩涂和沼泽地 3 个二级地类推到三调湿地一级地类，一级地类变化汇总结果如表 14-4 和图 14-2 所示。

表 14-4　三调与二调土地利用一级地类面积对比表　　单位：公顷

二调地类 三调地类	湿地	耕地	种植园用地	林地	草地	城镇村及工矿用地	交通运输用地	水域及水利设施用地	其他土地
较二调增加	475.85	32 910.61	60 075.50	84 830.10	4 578.17	18 280.22	5 450.13	8 067.83	8 005.55
较二调减少	6 487.36	51 602.65	25 815.25	31 614.76	80 838.57	4 418.82	3 969.95	7 586.53	10 340.07
湿地		692.04	96.34	1 280.60	261.85	184.85	119.51	3 766.45	85.72
耕地	27.52		19 742.63	18 192.62	130.11	7 271.48	1 641.73	1 434.13	3 162.43
园地	7.25	11 421.14		8 436.71	1 643.13	2 292.79	608.49	369.44	1 036.30
林地	95.76	6 307.29	19 667.79		341.32	2 646.79	370.93	992.03	1 192.85
草地	21.72	7 795.37	17 776.01	49 571.09		2 489.42	558.53	868.17	1 758.26
城镇村及工矿用地	41.11	392.69	200.93	956.47	731.79		1 647.33	177.52	270.98
交通运输用地	1.50	1 537.53	433.25	465.10	13.77	1 335.05		77.48	106.27
水域及水利设施用地	256.26	1 721.75	509.58	2 800.33	690.62	866.47	348.78		392.74
其他土地	24.73	3 042.80	1 648.97	3 127.18	765.58	1 193.37	154.83	382.61	

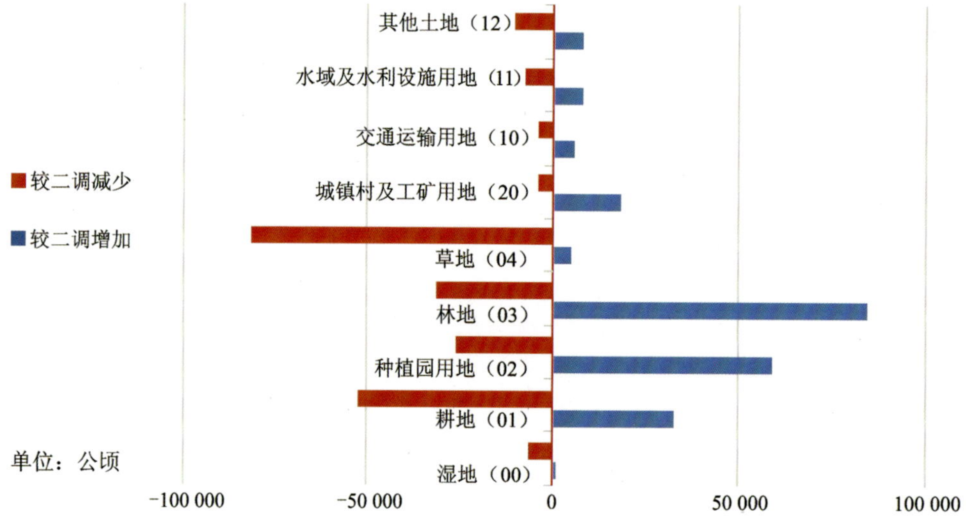

图 14-2　三调与二调土地利用一级地类面积对比图

一、湿地

秦皇岛市湿地三调统一时点数据较二调数据增加了约 475.85 公顷，主要来源于水域及水利设施用地(约 256.26 公顷)；三调统一时点数据较二调数据减少了约 6 487.36 公顷，主要流向了水域及水利设施用地(约 3 766.45 公顷)和林地(约 1 280.60 公顷)等。

二、耕地

秦皇岛市耕地三调统一时点数据较二调数据增加了约 32 910.61 公顷，主要来源于果园(约 11 421.14 公顷)、草地(约 7 795.37 公顷)、林地(约 6 307.29 公顷)、其他土地(约 3 042.8 公顷)等；三调统一时点数据较二调数据减少了约 51 602.65 公顷，主要流向了种植园用地(约 19 742.63 公顷)、林地(约 18 192.62 公顷)、城镇村及工矿用地(约 7 271.48 公顷)、其他土地(约 3 162.43 公顷)等。耕地地类减少的主要原因是农业结构调整和国土绿化。

三、种植园用地

秦皇岛市种植园用地三调统一时点数据较二调数据增加了约 60 075.50 公顷，主要来源于耕地(约 19 742.63 公顷)、林地(约 19 667.79 公顷)、草地(17 776.01 公顷)等；三调统一时点数据较二调数据减少了约 25 815.25 公顷，主要流向了耕地(约 11 421.14 公顷)、林地(约 8 436.71 公顷)、城镇村及工矿用地(约 2 292.79 公顷)等。

四、林地

秦皇岛市林地三调统一时点数据较二调数据增加了约 84 830.1 公顷，主要来源于草地(约 49 571.09 公顷)、耕地(约 18 192.62 公顷)、园地(约 8 436.71 公顷)等；三调统一时点数据较二调数据减少了约 31 614.76 公顷，主要流向了种植园用地(约 19 667.79 公顷)、耕地(约 6 307.29 公顷)、城镇村及工矿用地(约 2 646.79 公顷)。

五、草地

秦皇岛市草地三调统一时点数据较二调数据增加了约 4 578.17 公顷，主要来源于园地(约 1 643.13 公顷)、其他土地(约 765.58 公顷)、城镇村及工矿用地(约 731.79 公顷)、水域及水利设施用地(约 690.62 公顷)等；三调统一时点数据较二调数据减少了约 80 838.57 公顷，主要流向了林地(约 49 571.09 公顷)、种植园用地(约 17 776.01 公顷)、耕地(约 7 795.37 公顷)等。

六、城镇村及工矿用地

秦皇岛市城镇村及工矿用地三调统一时点数据较二调数据增加了约 18 280.22 公顷，主要来源于耕地（约 7 271.48 公顷）、林地（约 2 646.79 公顷）、草地（约 2 489.42 公顷）、园地（约 2 292.79 公顷）等；三调统一时点数据较二调数据减少了约 4 418.82 公顷，主要流向了交通运输用地（约 1 647.33 公顷）、林地（约 956.47 公顷）、草地（约 731.79 公顷）等。

七、交通运输用地

秦皇岛市交通运输用地三调统一时点数据较二调数据增加了约 5 450.13 公顷，主要来源于城镇村及工矿用地（约 1 647.33 公顷）、耕地（约 1 641.73 公顷）等；三调统一时点数据较二调数据减少了约 3 969.95 公顷，主要流向了耕地（约 1 537.53 公顷）、城镇村及工矿用地（约 1 335.05 公顷）等。

八、水域及水利设施用地

秦皇岛市水域及水利设施用地三调统一时点数据较二调数据增加了约 8 067.83 公顷，主要来源于湿地（约 3 766.45 公顷）、耕地（约 1 434.13 公顷）、林地（约 992.03 公顷）、草地（约 868.17 公顷）等；三调统一时点数据较二调数据减少了约 7 586.53 公顷，主要流向了林地（约 2 800.33 公顷）、耕地（约 1 721.75 公顷）、城镇村及工矿用地（约 866.47 公顷）等。

九、其他土地

秦皇岛市其他土地三调统一时点数据较二调数据增加了约 8 005.55 公顷，主要来源于耕地（约 3 162.43 公顷）、草地（约 1 758.26 公顷）、林地（约 1 192.85 公顷）、园地（约 1 036.30 公顷）等；三调统一时点数据较二调数据减少了（约 10 340.07 公顷），主要流向了林地（约 3 127.18 公顷）、耕地（约 3 042.80 公顷）、种植园用地（约 1 648.97 公顷）、草地（约 765.58 公顷）等。

第四节　主要二级地类变化情况

一、沿海滩涂变化情况及分析

秦皇岛市沿海滩涂三调统一时点数据较二调数据增加了约 87.92 公顷，主要来源于城镇村等建设用地（约 37.56 公顷）、裸地（约 22.84 公顷）等；三调统一时点数据较二调数据减少了约 1 998.23 公顷，主要流向了坑塘水面（约 1 668.67 公顷）等。主要原因：昌黎县的沿海滩涂开发成了水产养殖坑塘。沿海滩涂二调三调对比如图 14-3 所示。

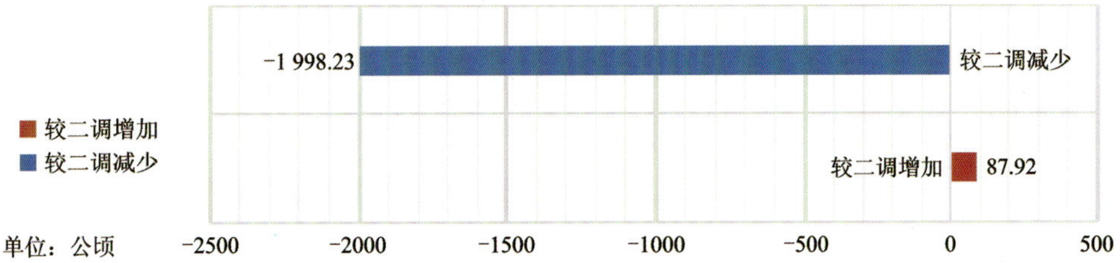

图 14-3　三调与二调沿海滩涂面积对比图

二、水田变化情况及分析

秦皇岛市水田三调统一时点数据较二调数据增加了约 2 794.10 公顷，主要来源于水浇地（约 1 335.40 公顷）、旱地（约 750.32 公顷）、沟渠（约 79.45 公顷）、农村道路（约 76.61 公顷），这部分增加量主要是近年的土地整治项目及高标准基本农田等项目新增；其他林地增加了约 78.32 公顷，此部分新增主要是农业结构调整导致。

三调统一时点数据较二调数据减少了约 3 157.43 公顷，主要流向了其他林地（约 890.57 公顷）、水浇地（约 579.01 公顷）、乔木林地（约 411.87 公顷）、城镇村等建设用地（约 403.63 公顷）、果园（约 335.65 公顷）等。水田二调三调对比如图 14-4 所示。

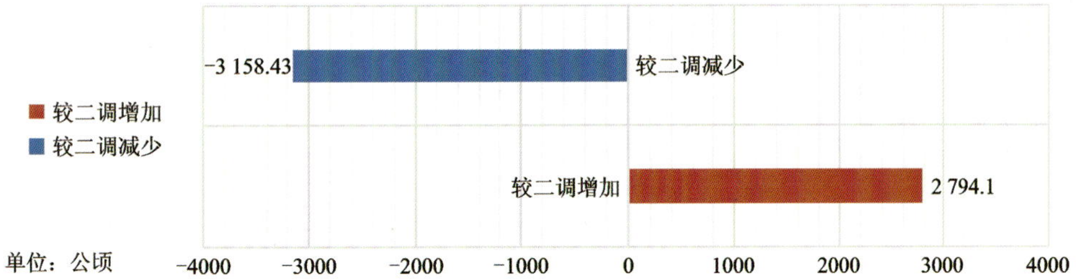

图 14-4　三调与二调水田面积对比图

三、水浇地变化情况及分析

秦皇岛市水浇地三调统一时点数据较二调数据增加了约 16 704.96 公顷，主要来源于旱地（约 9 011.26 公顷）、果园（约 2 650.70 公顷）、其他草地（约 882.89 公顷）、农村道路（约 782.24 公顷）、有林地（约 739.79 公顷）等。

三调统一时点数据较二调数据减少了约 12 248.03 公顷，主要流向了其他林地（约 2 855.37 公顷）、种植园用地（约 2 410.98 公顷）、城镇村等建设用地（约 2 211.73 公顷）、水田（约 1 335.40 公顷）、设施农用地（约 1 043.77 公顷）等。水浇地二调三调对比如图 14-5 所示。

四、旱地变化情况及分析

秦皇岛市旱地三调统一时点数据较二调数据增加了约 25 427.57 公顷，主要来源于其他草地（约 6 851.65 公顷）、果园（约 6 789.48 公顷）、其他林地（约 2 429.03 公顷）、有林地（约 2 003.98 公顷）、田坎（约 1 906.42 公顷）等。

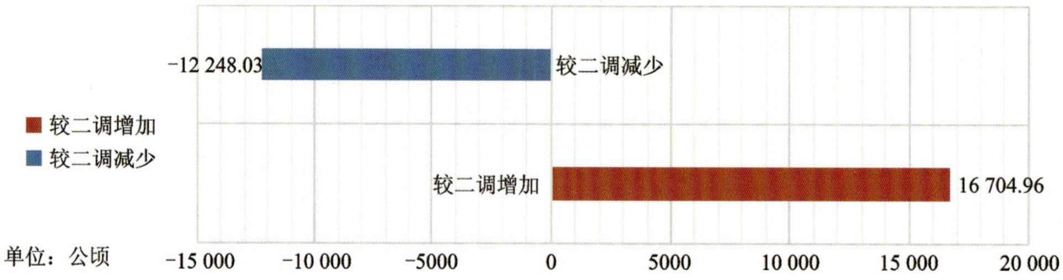

图 14-5　三调与二调水浇地面积对比图

三调统一时点数据较二调数据减少了约 48 212.21 公顷，主要流向了其他林地（约 2 855.37 公顷）、果园（约 2 410.98 公顷）、城镇村等建设用地（约 2 211.73 公顷）、水田（约 1 335.40 公顷）、设施农用地（约 1 043.77 公顷）、乔木林地（约 1 031.93 公顷）等。旱地二调三调对比如图 14-6 所示。

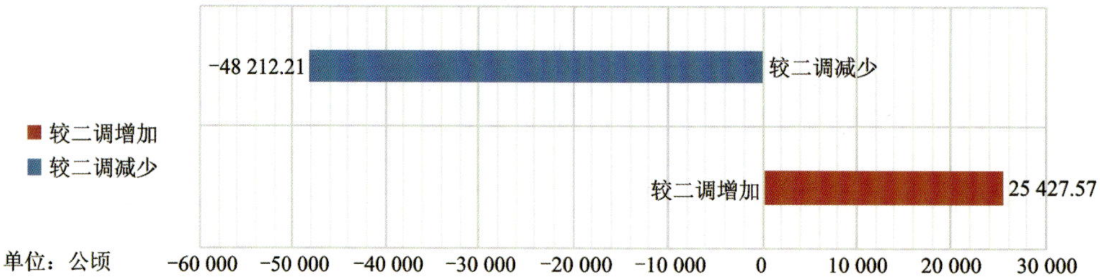

图 14-6　三调与二调旱地面积对比图

五、果园变化情况及分析

秦皇岛市果园三调统一时点数据较二调数据增加了约 84 274.82 公顷，主要来源于其他园地（约 24 676.78 公顷）、其他草地（约 17 771.51 公顷）、旱地（约 16 582.52 公顷）、有林地（约 7 279.08 公顷）、灌木林地（约 6 922.16 公顷）、其他林地（约 5 444.24 公顷）、田坎（约 1 475.58 公顷）等。

三调统一时点数据较二调数据减少了约 19 750.03 公顷，主要流向了旱地（约 6 789.48 公顷）、乔木林地（约 2 379.26 公顷）、城镇村等建设用地（约 2 014.09 公顷）、其他林地（约 1 690.47 公顷）、灌木林地（约 1 496.77 公顷）等。果园二调三调对比如图 14-7 所示。

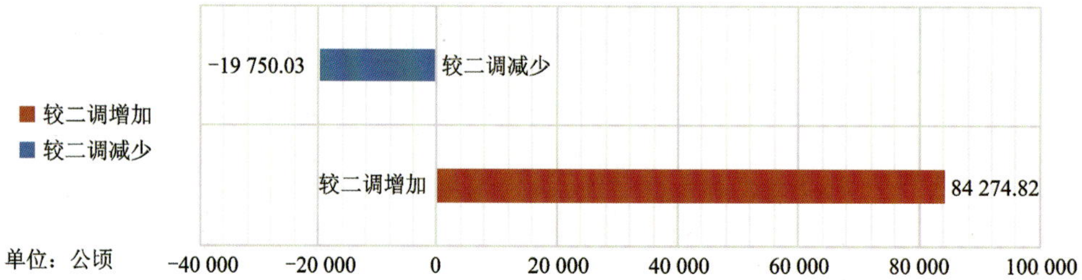

图 14-7　三调与二调果园面积对比图

六、乔木林地变化情况及分析

秦皇岛市乔木林地三调统一时点数据较二调数据增加了约 55 406.57 公顷，主要来源于其他草地（约 17 490.24 公顷）、灌木林地（约 17 197.03 公顷）、旱地（约 6 037.73 公顷）、其他林地（约 5 911.02 公顷）等。

三调统一时点数据较二调数据减少了约 25 277.69 公顷，主要流向了灌木林地（约 7 894.16 公顷）、果园（约 7 279.08 公顷）、其他林地（约 4 288.25 公顷）、旱地（约 2 003.93 公顷）、城镇村等建设用地（约 1 505.23 公顷）等。乔木林地二调三调对比如图 14-8 所示。

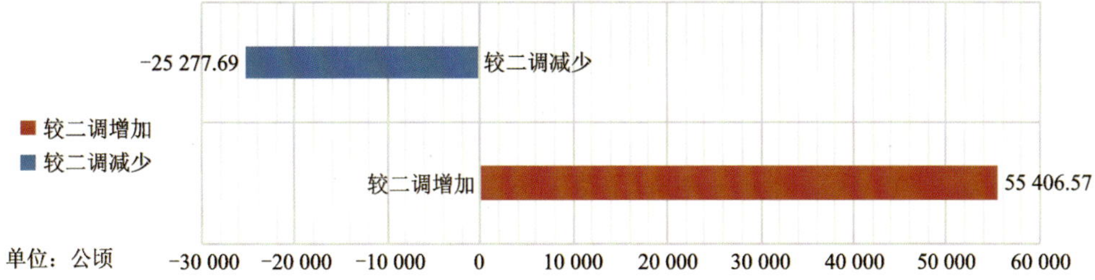

图 14-8　三调与二调乔木林地面积对比图

七、灌木林地变化情况及分析

秦皇岛市灌木林地三调统一时点数据较二调数据增加了约 41 274.13 公顷，主要来源于其他草地（约 27 210.98 公顷）、有林地（约 7 894.16 公顷）、果园（约 1 496.77 公顷）、其他园地（约 1 177.28 公顷）等。

三调统一时点数据较二调数据减少了约 28 492.55 公顷，主要流向了乔木林地（约 17 197.03 公顷）、果园（约 6 922.16 公顷）、其他林地（约 2 800.39 公顷）等。灌木林地二调三调对比如图 14-9 所示。

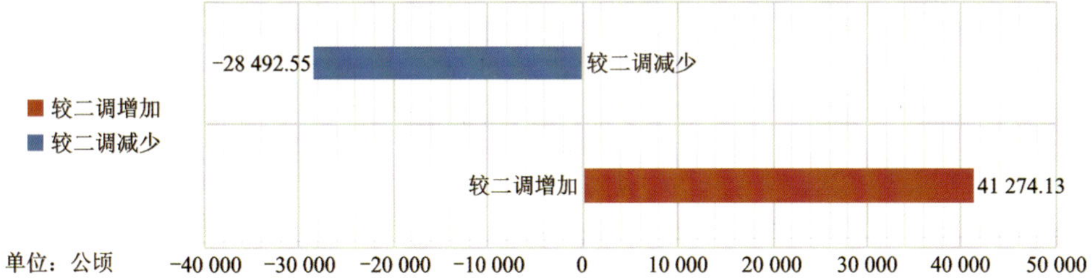

图 14-9　三调与二调灌木林地面积对比图

八、其他林地变化情况及分析

秦皇岛市其他林地三调统一时点数据较二调数据增加了约 28 151.75 公顷，主要来源于旱地（约 6 031.31公顷）、其他草地（约 4 869.83 公顷）、有林地（约 4 288.25 公顷）、水浇地（约 2 855.37 公顷）、灌木林地（约 2 800.39 公顷）等。

三调统一时点数据较二调数据减少了约 17 846.87 公顷，主要流向了乔木林地（约 5 911.02 公顷）、果园（约 5 444.24 公顷）、旱地（约 2 429.03 公顷）、灌木林地（约 1 911.50 公顷）等。其他林地二调三调对比如图 14-10 所示。

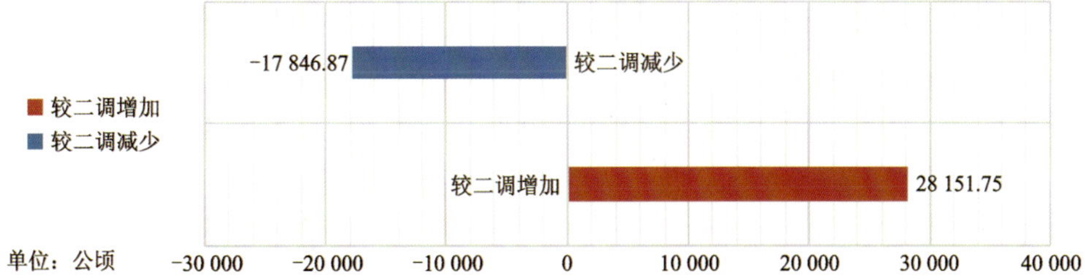

图 14-10　三调与二调其他林地面积对比图

九、其他草地变化情况及分析

秦皇岛市其他草地三调统一时点数据较二调数据增加了约 4 577.90 公顷，主要来源于果园(约 1 259.06 公顷)、城镇村等建设用地(约 731.79 公顷)等。

三调统一时点数据较二调数据减少了约 80 838.23 公顷，主要流向了灌木林地(约 27 210.98 公顷)、果园(约 17 771.51 公顷)、乔木林地(约 17 490.24 公顷)、旱地(约 6 851.65 公顷)、城镇村等建设用地(约 2 489.42 公顷)等。其他草地二调三调对比如图 14-11 所示。

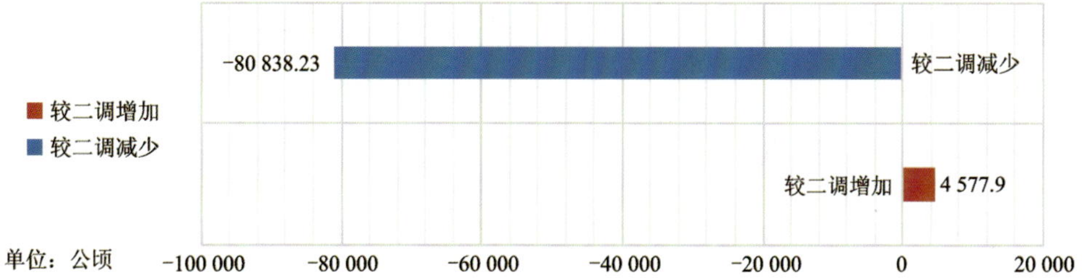

图 14-11　三调与二调其他草地面积对比图

十、设施农用地变化情况及分析

秦皇岛市设施农用地三调统一时点数据较二调数据增加了约 4 028.53 公顷，主要来源于旱地(约 1 286.79 公顷)、水浇地(约 1 043.77 公顷)等。

三调统一时点数据较二调数据减少了约 1 124.50 公顷，主要流向了城镇村等建设用地(约 473.82 公顷)、水浇地(约 127.44 公顷)、旱地(约 116.08 公顷)、其他林地(约 96.44 公顷)等。设施农用地二调三调对比如图 14-12 所示。

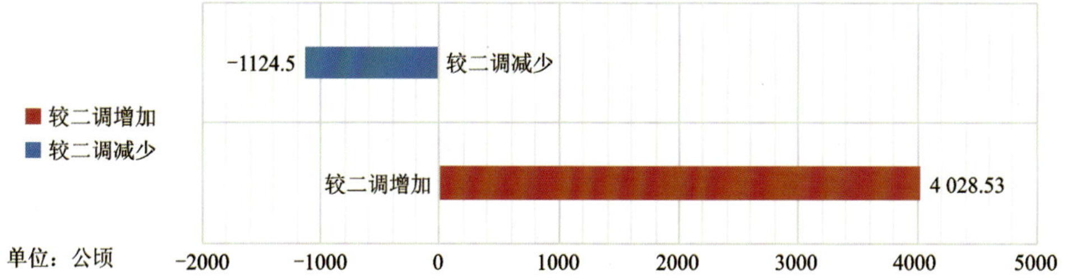

图 14-12　三调与二调设施农用地面积对比图

第十五章　土地利用特点及土地利用战略规划与保护

第一节　土地资源利用特点

一、土地利用类型多样，区域差异明显

秦皇岛市土地利用类型多样，区域差异明显：北部山区以种植园用地、林地为主，间有零星的耕地和建设用地；中部山地丘陵区以林地为主，间有零星的建设用地；中部山前平原区以耕地为主，间有零星的建设用地等；南部冲击平原区以耕地、水域及水利设施用地为主，间有零星的种植园用地、林地和建设用地等；东南部滨海平原区以建设用地、滩涂沼泽、耕地为主，间有零星的种植园用地、林地等农用地。

二、农用地比重大，以林地为主

秦皇岛市农用地约占土地总面积的 78.1%，主要分布在青龙满族自治县，占比 47.49%。农用地中林地占 45.59%。以林地为主的农用地格局提供了良好的生产生活环境，为发展生态旅游提供了良机，也为园林式、生态型城市的建设提供了重要保障。

三、交通运输用地类型齐全，对外服务特点明显

秦皇岛市交通设施有铁路、公路、机场、港口、管道等，用地类型齐全，占建设用地总面积的10.64%。世界最大的能源输出港秦皇岛港，港口码头用地 757.90 公顷，在我国能源运输中发挥着巨大的作用；对外铁路用地比重高，其中城市区有分属北京、太原、沈阳铁路局的 5 条国铁干线（大秦、京山、京秦、秦沈、沈山）和多条联络线、专用线等。

第二节　土地利用战略规划与保护

一、保护耕地是必须长期坚持的国家战略

耕地是土地的精华，是农业最为基本的生产资料。我国是农业大国、人口大国，对耕地资源高度依赖，因此耕地保护至关重要。

1. 保障粮食安全，维护社会稳定和谐的重要保证

民以食为天。粮食安全是头等大事，是国泰民安的基础。我国是农业大国，农业、农村、农民问题始终是关乎国家发展的重大命题。"三农"问题与土地问题密切相关。农业稳定是社会稳定的基础。耕地保护工作是关系整个社会的稳定、国计民生、国家发展安全和民族安危的大事。

2. 经济社会可持续发展的内在要求

耕地资源是社会发展中不可替代的生产要素，是农业生产中最重要的生产资料，还是轻工业原料的来源地。在整个国民经济体系中，农业作为第一产业具有基础性地位。耕地资源是农业的基础，其数量和质量的下降，不仅影响农业的发展和农民增收，动摇农业的基础地位，而且会影响工业、服务业等第二、第三产业的发展，进而直接影响整个国民经济的发展。我国人均耕地少、质量退化严重、后备资源不足、开发制约多的特点，决定了相当长的时间内耕地问题将是制约我国整个国民经济发展的因素。只有保持稳定的耕地面积和质量才能保证农业生产稳定持续发展，巩固农业的基础地位不动摇，从而促进经济的可持续发展。

二、建设用地坚持实行最严格的土地节约集约利用制度

新常态下，建设用地利用的核心是落实最严格的节约集约用地制度，实现土地利用方式从由外延扩张到向内涵挖潜的战略转变，建设用地管理的重点是实现"增量管理"向"总量控制"的转变，通过总量控制，优化建设用地结构和布局，提高使用效率，以土地利用供给倒逼产业转型升级，推动经济结构调整和发展模式转型。

1. 严格控制建设用地总量

控制国土开发强度。通过土地利用总体规划，对建设用地实行总量控制，确定建设用地的规模、布局、结构和时序安排。将建设用地面积占土地面积的比例控制在一定范围内。基于资源环境承载能力，经济社会发展阶段，工业化、城镇化发展的现实需求，以及人口变化规律，综合确定适宜的开发强度。

2. 设法盘活存量建设空间

（1）加大城镇低效用的再开发力度。通过机制创新，建立互惠共利的多目标协调机制和多方共赢的利益共享机制，充分调动企业、当地政府、集体经济组织、土地原使用人等利益相关者的积极性和主动性，保障原土地使用权人的权益。从规划、拆迁补偿安置、财政支持、税收减免等方面提供全方位的政策

支持，创新存量土地开发模式，积极盘活存量空间。提升城镇建设使用存量用地的比例，促进城镇用地效率的提高。

（2）稳步推进农村建设用地整治。加强农村建设用地管理，提高农村建设用地使用效率。允许土地利用总体规划和城乡规划确定为工矿仓储用地、商服用地等经营性用途的存量农村集体建设用地与国有建设用地享有同等权利，在符合规划、用途管制和依法取得的前提下，可以出让、租赁、入股，完善入市交易规则、服务监管制度和土地增值收益的合理分配机制。探索宅基地有偿使用制度和自愿有偿退出机制，探索农民住房财产权抵押、担保、转让的有效途径。

3. 调整建设用地结构

（1）调整城乡用地结构。实行城镇建设用地和农村居民点用地统一配置，行政区域内统一设置开发强度指标。推动各地自行优化城乡用地结构。在符合空间规划要求的前提下，依法依规、有序推进农村土地综合整治，腾退城乡闲置空间，优化城乡用地结构，协同推进人口城镇化和土地城镇化。

（2）优化公共服务设施用地结构。促进现有城镇用地内部结构调整优化，控制生产用地、保障生活用地、提高生态用地的比例。为提升城乡公共服务设施保障能力，优化城乡住房、医疗、教育、交通、商服、休闲等公共服务设施用地结构，保障基本公共服务用地，优化城乡功能结构。

4. 构建土地节约集约利用长效机制

（1）强化土地规划管控作用。通过土地利用总体规划，确定建设用地的规模、布局、结构和时序安排，对建设用地实行总量控制。产业发展、城乡建设、基础设施布局、生态环境建设等相关规划，应当与土地利用总体规划相衔接，所确定的建设用地规模和布局必须符合土地利用总体规划的安排。

（2）创新土地节约集约激励机制。探索节约集约用地新机制，鼓励采用节约集约用地新技术和新模式，鼓励土地使用者在符合规划的前提下，通过厂房加层、厂区改造、内部用地整理等途径提高土地利用率。在符合规划、不改变用途的前提下，现有工业用地提高土地利用率和增加容积率的，不再增收土地价款。符合节约集约用地要求、属于国家鼓励产业的工业用地，可以实行差别化的地价政策。

三、生态用地保护对策与建议

针对当前日益严峻的生态保护形势，亟须综合采取限制性、激励性、建设性政策措施，全面加强生态用地管护，创新生态用地保护激励机制，推进生态恢复与建设，保全生态资源，提升生态价值与功能，为国家及区域生态安全和国土资源永续利用奠定坚实的物质基础，为生态文化、乡村文化的传承留下物质空间，给子孙后代留下天蓝、地绿、水净的美好家园。

统筹推进土地节约集约利用和生态建设。通过土地节约集约利用，减少对耕地空间和自然生态空间的占用。生产、生活、生态空间统筹协调，粮食安全、生态建设和经济社会发展协同推进，实现多元发展目标的统筹改善、生存空间的代际平衡和自然资源的永续利用。

全面凸显各类土地的生态服务功能。不同类型的土地均具有特定的生态功能，利用过程中要注重对其生态价值的挖掘与提升。以耕地为例，其主导功能是农业生产，但同时具有生态保育、乡村景观、农耕文化传承等功能。因此，耕地保护既是粮食安全战略的必然要求，也是生态和文化建设的重要举措。

加大生态用地保护宣传力度，提高生态用地保护与建设的公众参与度。加大生态用地保护宣传力度，努力营造节约利用自然资源和保护生态用地的舆论氛围，进一步提高全民对生态用地保护重要性的认知。

附录　大事记

2017 年

10 月 8 日，国务院印发《国务院关于开展第三次全国土地调查的通知》（国发〔2017〕48 号），决定自 2017 年起开展第三次全国土地调查工作，标志着第三次全国土地调查正式启动。

12 月 18 日，河北省人民政府印发《关于开展第三次全国土地调查的通知》（冀政字〔2017〕55 号），贯彻落实《国务院关于开展第三次全国土地调查的通知》的要求，结合河北省实际，部署开展河北省第三次全国土地调查工作，标志着河北省第三次全国土地调查全面启动。

2018 年

1 月 12 日，国务院第三次全国土地调查领导小组办公室下发《关于印发〈第三次全国土地调查总体方案〉的通知》（国土调查办发〔2018〕1 号），要求各地结合本地区的实际情况，组织编制本地区的实施方案。

1 月 29 日，秦皇岛市人民政府下发《关于开展第三次全国土地调查的通知》（秦政字〔2018〕3 号），成立秦皇岛市第三次全国土地调查领导小组，结合秦皇岛市实际，部署开展秦皇岛市第三次全国土地调查工作，标志着秦皇岛市第三次全国土地调查全面启动。

2 月 5 日，国务院第三次全国土地调查领导小组办公室下发《关于印发〈第三次全国土地调查实施方案〉的通知》（国土调查办发〔2018〕3 号），根据《第三次全国土地调查总体方案》，为全面组织实施第三次全国土地调查，制订该实施方案。

3 月 21 日，河北省第三次全国土地调查领导小组办公室（以下简称河北省三调办）下发《关于印发〈河北省第三次全国土地调查实施方案〉的通知》（冀国土调查办〔2018〕2 号）。依据国家方案和河北省实际情况，制订了河北省的实施方案。方案从目标任务、调查原则、技术路线、调查要求、调查成果、时间安排、职责分工、质量控制、保障措施等方面对三调工作进行了全面部署，保障了工作的顺利开展。河北省第三次全国土地调查进入全面实施阶段。

4 月 4 日，秦皇岛市国土资源局下发《秦皇岛市国土资源局关于启用秦皇岛市第三次全国土地调查领导小组办公室印章的通知》（秦国土资〔2018〕30 号），为便于开展工作，从即日起启用“秦皇岛市第三次全国土地调查领导小组办公室”印章。

4 月 4 日，秦皇岛市第三次全国土地调查领导小组办公室（以下简称秦皇岛市三调办）下发《关于组建秦皇岛市第三次全国土地调查领导小组办公室的通知》（秦国土调查办〔2018〕1 号），根据要求组建了秦皇岛市第三次全国土地调查领导小组办公室。

4 月 13 日，秦皇岛市三调办下发《关于转发〈河北省第三次全国土地调查领导小组办公室转发关于在第三次全国土地调查中先行开展城镇内部土地利用现状调查工作的通知〉的通知》(秦国土调查办〔2018〕2号),要求各县区第三次全国土地调查领导小组办公室按照通知要求,先行开展城镇内部土地利用现状调查工作。强调各级三调部门要高度重视,加强组织领导;广泛收集,用好已有资料;结合实际,统筹安排推进;强化落实,按时完成任务。

4月19日,河北省三调办在石家庄召开第三次全国土地调查调度会。会议通报了全省三调总体情况,解读三调实施方案及相关政策。

4月25日,秦皇岛市三调办下发《关于印发〈在第三次全国土地调查中先行开展城镇内部土地利用现状调查实施方案〉的通知》(秦国土调查办〔2018〕5号),从目标任务、调查范围、调查方法、工作内容、城乡数据衔接、工作进度、保障措施等方面部署安排了先行开展城镇内部土地利用现状调查工作。

4月27日,秦皇岛市三调办下发《关于印发〈秦皇岛市第三次全国土地调查实施方案〉的通知》(秦国土调查办〔2018〕6号),方案从目标任务、调查原则、技术路线、调查要求、调查成果、时间安排、职责分工、质量控制、保障措施等方面对三调工作进行了全面部署,要求各县区第三次全国土地调查领导小组办公室根据实施方案认真组织实施第三次全国土地调查工作,保障了全市三调工作的顺利开展。

5月2日,河北省三调办转发《关于切实加强第三次全国土地调查数据库建设工作的通知》(国土调查办发〔2018〕9号)。通知重点对数据库建设管理提出了要求,要求各级调查领导小组办公室高度重视数据库建设,严格按照标准和要求,统筹安排做好各项工作,保质保量完成数据库建设任务。

5月3日,河北省三调办在石家庄组织召开河北省第三次全国土地调查培训部署会,重点对管理岗位人员进行业务培训,并对下一步工作进行了部署。

8月9日,河北省三调办在石家庄组织召开全省第三次全国土地调查工作推进会。会议通报了自然资源部对第三次全国土地调查总体方案、实施方案、技术规程等内容的调整完善情况,以及河北省第三次全国土地调查的总体进展情况。

8月20日,国务院办公厅下发《国务院办公厅关于调整成立国务院第三次全国国土调查领导小组的通知》(国办函〔2018〕53号),决定将第三次全国土地调查调整为第三次全国国土调查,国务院第三次全国土地调查领导小组调整为国务院第三次全国国土调查领导小组,对领导小组组成单位和人员进行相应调整。

9月6日,国务院第三次全国国土调查领导小组办公室(以下简称国务院三调办)组织召开"第三次全国国土调查电视电话会",韩正副总理出席并发表重要讲话。会议主题:深入贯彻党的十九大和十九届二中、三中全会精神,以习近平新时代中国特色社会主义思想为指导,进一步提高对第三次全国国土调查工作重要性的认识,全面部署第三次全国国土调查工作。

9月21日,河北省人民政府办公厅下发《关于调整成立河北省第三次全国国土调查领导小组的通知》(冀政办字〔2018〕151号),将河北省第三次全国土地调查调整为河北省第三次全国国土调查,将河北省第三次全国土地调查领导小组调整为河北省第三次全国国土调查领导小组,对领导小组组成人员进行相应调整。

9月28日,秦皇岛市人民政府办公厅下发《关于调整成立秦皇岛市第三次全国国土调查领导小组的通知》(秦政办字〔2018〕129号),将秦皇岛市第三次全国土地调查调整为秦皇岛市第三次全国国土调查,将秦皇岛市第三次全国土地调查领导小组调整为秦皇岛市第三次全国国土调查领导小组,对领导小组组成人员进行相应调整。

9月28日,河北省第三次全国国土调查领导小组办公室(以下简称河北省三调办)组织召开"第三次全国国土调查电视电话会"。会议主题:传达贯彻第三次全国国土调查会议精神,全面部署我省第三次全国国土调查工作。袁桐利常务副省长出席并发表重要讲话。

11月7日,秦皇岛市第三次全国国土调查领导小组办公室(以下简称秦皇岛市三调办)组织市级监理单位、市级汇总单位对各县区三调工作进行了监理检查。市级监理单位现场对各县区作业单位的作业方法、技术路线等情况进行了技术指导,并针对各作业单位提出的问题进行了解答,9日结束监理检查。

11 月 19 日，国务院三调办下发《关于印发〈第三次全国国土调查实施方案〉的通知》(国土调查办发〔2018〕18 号)，为全面组织实施第三次全国国土调查，制订实施方案，要求已按照《第三次全国土地调查实施方案》开展调查的地区，依本方案，对调查成果予以调整和补充。

11 月 27 日，秦皇岛市三调办组织市级监理单位对各县区三调工作分批进行了现场监理。市级监理单位现场对各县区作业单位的作业方法、技术路线等情况进行了技术指导，并针对各作业单位提出的问题进行了解答，29 日结束监理检查(附图 1)。

附图 1　2018 年 11 月 29 日，秦皇岛市自然资源和规划局张大为(左一)、市监理检查组对抚宁区三调工作开展情况进行监理检查

12 月 13 日，河北省三调办在石家庄召开全省第三次全国国土调查工作调度会。会议依据自然资源部的新要求结合全省的实际情况对全省的三调工作进行了进一步的部署，极大地推动了全省的三调工作。

2019 年

1 月 4 日，河北省三调办统一制作了坡度图、县际预接边和县级调查界线及控制面积成果，并将有关基础资料以市为单位正式下发使用。

1 月 8 日，秦皇岛市级监理检查组对各县区三调工作开展情况进行现场监理检查，并予以指导，11 日结束监理检查。

1 月 15 日，河北省三调办下发《关于明确第三次全国国土调查县级调查成果报送要求的通知》(冀国土调查办 4 号)，按照要求组织、提交县级调查成果。

1 月 16 日，秦皇岛市三调办领导和市级监理检查组在卢龙县展开三调督导调度会，对卢龙县的三调工作进行检查指导(附图 2)。

附图 2　2019 年 1 月 16 日，秦皇岛市自然资源和规划局彭云(左五)、张大为(左四)和市级监理检查组在卢龙县三调督导调度会

2 月 1 日，河北省三调办下发《关于印发〈河北省第三次全国国土调查 100 问答〉的通知》(冀国土调查办〔2019〕5 号)，根据调整后《第三次全国国土调查实施方案》的新要求，本着“统一口径、规范指导、便于操作”的原则，在广泛收集全省三调问题基础上，编写了《河北省第三次全国国土调查 100 问答》，以便在工作中参照执行。

2 月 22 日，自然资源部组织召开了“第三次全国国土调查工作推进电视电话会议”。会议主题：深入贯彻党的十九大和十九届二中、三中全会精神，以习近平新时代中国特色社会主义思想为指导，进一步统一思想、提高认识，进一步明确要求、压实责任，进一步采取措施、凝聚力量，全面推进第三次全国国土调查工作。会议由自然资源部副部长、国务院第三次全国国土调查领导小组办公室主任王广华主持，陆昊部长参会并发表了重要讲话，陆昊部长从各个方面分析强调了三调工作的重要性、指导思想、工作原则，具有很强的指导性和针对性，有力地推动了各地三调工作的顺利进行。

2月27日，国务院三调办下发《第三次全国国土调查成果国家级核查方案》《国务院第三次全国国土调查领导小组办公室关于发布第三次全国国土调查县级数据库质量检查软件（试用版）的通知》，按照方案要求进行国家级核查，调查成果需通过质检软件的核查。

3月1日，国务院三调办下发《湿地调查灌木草地指引图斑指引要求》，按照指引图斑调查湿地、灌木草地。

3月5日，秦皇岛市级监理检查组对各县区三调工作开展情况进行监理检查，并予以指导，12日结束监理检查。

3月6日，河北省自然资源厅组织召开了全省“第三次全国国土调查经验交流暨工作推进会”。会议主题：全面贯彻落实2月22日自然资源部“第三次全国国土调查工作推进电视电话会议”精神，进一步统一思想、交流经验、攻坚克难，确保按时保质完成调查任务。会议指出，第三次全国国土调查，是我国进入新时代开展的一次重大基础性国情国力调查，是今年自然资源系统最复杂、最重大的工作，事关未来自然资源管理全局，关系到编制未来“十四五”发展规划、“两个一百年”奋斗目标等重大发展阶段的重要数据基础和决策依据。各级要提高政治站位，深化思想认识，站在贯彻党中央精神、维护党中央权威、坚持国家立场的高度，充分认识三调工作的重要性，切实承担起政治责任、领导责任和工作责任，将三调工作列入重要议事日程，作为大事要事来抓，强化使命担当，全力以赴做好三调工作。会议由省自然资源厅副厅长张国军主持，张维亮厅长参会并发表了重要讲话。

3月8日，河北省三调办下发《关于印发〈河北省第三次全国国土调查实施方案〉的通知》（冀国土调查办〔2019〕10号），根据要求，结合河北实际，为组织做好第三次全国国土调查，制订该实施方案。

3月8日，国务院三调办下发《关于印发〈第三次全国国土调查技术问答〉的通知》（国土调查办发〔2019〕6号），根据各地反映的第三次全国国土调查工作中的具体操作问题，结合有关标准、规程和第三次国土调查实施方案等，制定了《第三次全国国土调查技术问答》，供各地在具体工作中参考把握。

3月12日，河北省三调办下发《关于做好第三次全国国土调查中军用土地调查工作的通知》（冀国土调查办〔2019〕12号）。通知要求高度重视军用土地调查工作，加强军用土地调查协调，做好军用土地调查信息安全保密工作。

3月15日，河北省三调办下发《关于印发〈河北省第三次全国国土调查工作“十不准”〉的通知》（冀国土调查办〔2019〕13号）。主要内容为：不准干预调查；不准虚报瞒报；不准篡改资料；不准相互串通；不准放任管理；不准谋取私利；不准转包任务；不准打击报复；不准迟报数据；不准擅自发布。违反上述规定的，将依据《统计法》《土地调查条例》《统计违法违纪行为处分规定》等有关规定，移交有权处理的机关，对责任单位有关人员或直接责任人依法依规给予处分，构成犯罪的，依法追究刑事责任。

3月16日，秦皇岛市三调办印发《秦皇岛第三次全国国土调查成果市级检查方案》，要求各县区对照检查方案进行自检。

3月18日，河北省三调办副主任、自然资源厅自然资源调查监测处处长袁辉一行3人到秦皇岛市调研督导第三次全国国土调查工作，秦皇岛市三调办主任、自然资源和规划局副局长赵小鹏，自然资源和规划局确权登记局相关同志及各县区局主管领导，相关科股室人员，作业队伍参加了座谈会。赵小鹏副局长向河北省三调办督导组汇报了秦皇岛市第三次全国国土调查工作进展，各县区局分别汇报了工作进展和存在的问题，省督导组对各县区提出的问题进行了现场解答（附图3）。

3月19日，秦皇岛市三调办举办MapGIS县级国土调查数据库与管理系统培训。

3月21日，国务院三调办下发《关于调整第三次全国国土调查有关内容与要求的补充通知》（国土调查办〔2019〕7号），根据文件要求，调整和补充相关内容。

附图 3　2019 年 3 月 18 日，河北省三调办副主任、自然资源厅自然资源调查监测处处长袁辉（右二）一行 3 人到秦皇岛市调研督导第三次全国国土调查工作

3 月 25 日，国务院三调办下发《第三次全国国土调查技术问答技术问题》（第二批），要求各地根据文件内容，结合实际情况，准确把握疑难问题。

3 月 27 日，河北省三调办下发《关于转发国土调查办 5 号文件〈关于加强第三次全国国土调查质量管理保证调查数据真实性的通知〉的通知》（冀国土调查办〔2019〕15 号），根据通知要求，确保三调工作的真实性。

3 月 28 日，河北省三调办从省林业和草原局获取河北省森林资源二类调查图斑数据、县级预接边数据。

4 月 1 日，河北省三调办下发《秦皇岛市三调乡级行政代码》，各地要严格按照最新县乡级代码建库。

4 月 3 日，河北省三调办印发《关于调整第三次全国国土调查有关内容与要求的补充通知》（冀国土调查办〔2019〕17 号）。通知对国土调查遇到的地类认定、外业举证、属性标注等做了进一步的调整，要求各地作业单位按照该通知调整完善数据库，按时保质完成调查及建库任务。

4 月 7 日，河北省三调办下发《7 号文主要内容图解》，诠释 7 号文[①]内容。

4 月 11 日，国务院三调办下发《国土调查数据库标准（试行修订稿）》，要求各地根据标准建设三调数据库。

4 月 12 日，秦皇岛市三调办下发《关于开展全市三调补充调查成果监理工作通知》，根据《国务院三调办关于调整第三次全国国土调查有关内容与要求的补充通知》（国土调查办〔2019〕7 号）的要求，各县区对三调调查成果进行调整和补充，为检核各县区三调补充调查成果质量，市级监理单位对各县区三调补充调查成果进行现场监理。

4 月 15 日，河北省三调办下发《省级核查问题汇总》，针对省级核查的要求自检。

4 月 15 日，秦皇岛市级监理检查组对各县区三调补充调查成果及三调工作开展情况进行现场监理检查，并予以指导，23 日结束监理检查（附图 4）。

4 月 16 日，河北省三调办下发《关于严格调查成果质量的通知》，根据通知要求，严格落实三调成果质量检查。

5 月 4 日，秦皇岛市三调办下发《关于召开县级三调数据库内部界线接边工作会通知》，组织各县区于 2019 年 5 月 5 日进行县级三调接边工作。

5 月 5 日，秦皇岛市三调办召开了县级三调数据库内部界线接边工作会，市三调办领导及主要成员、市级监理单位、市级汇总单位、各县区局科（股）长、各县区作业单位技术骨干等到场参会（附图 5）。

附图 4　2019 年 4 月 18 日，秦皇岛市自然资源和规划局张大为（右二）和市级监理检查组对青龙满族自治县三调工作开展情况进行监理检查

① “7 号文”指《关于调整第三次全国国土调查有关内容与要求的补充通知》（国土调查办发〔2019〕7 号）。

附图 5　2019 年 5 月 5 日，秦皇岛市自然资源和规划局彭云（第一排右三）、张大为（第一排右二）、市级监理单位、市级汇总单位、各县区局、各县区作业单位等参加秦皇岛市县级三调数据库内部界线接边工作会议

5 月 7 日，河北省三调办在石家庄组织召开了全省第三次国土调查工作调度会，河北自然资源厅副厅长、三调办主任张国军作重要讲话。会议指出，针对全省三调工作情况，各地要从多方面着手。统一思想，坚持国家立场，认识要再提高；正视问题，质量要再提高；强化组织，领导要再加强；集中力量，进度要再加快；明确职责，责任要再压实；攻坚克难，措施要再强化。会议强调，全省三调工作时间紧、任务重，各地要认清形势，强化组织协调，转变工作模式，采取超常措施，强化督导指导。省三调办要严格落实工作通报、领导约谈和“黑名单”制度。集中力量，攻坚克难，确保按时保质完成三调任务。会议还集中解读国家三调最新文件，简要介绍省级核查结果，通报检查典型问题。有关技术人员进行了技术交流和研讨。

5 月 10 日，秦皇岛市第三次全国国土调查第一批数据成果（北戴河区）如期上报河北省三调办。

5 月 13 日，河北省三调办下发《关于明确南水北调及坟地调查地类的通知》，根据通知要求，调查相关地类。

5 月 14 日，国务院三调办下发《第三次全国国土调查成果国家级核查技术规定》，国务院三调办将按照规定核查所有三调成果。

5 月 16 日，国务院三调办下发最新核查软件，所有调查成果需通过最新版核查软件核查。

5 月 21 日，第一批省级核查结果下发，涉及北戴河区、山海关区。针对核查意见进行补充调查和整改，并按时提交整改成果。

5 月 22 日，秦皇岛市三调办下发《关于开展三调县级成果省级核查整改的紧急通知》（秦国土调查办〔2019〕9 号），针对省级核查中发现的问题，作出具体的整改要求，根据要求，按时保质完成三调县级成果省级核查整改任务。

5 月 22 日，秦皇岛市级监理检查组对各县区三调开展情况进行内外业监理检查，实地到场检查调查情况，并予以指导，26 日结束监理检查。

5 月 23 日，第四批省级核查结果下发，涉及抚宁区。针对核查意见进行补充调查和整改，并按时提交整改成果。

5 月 24 日，第五批省级核查结果下发，涉及卢龙县。针对核查意见进行补充调查和整改，并按时提交整改成果。

5 月 24 日，河北省三调办下发《关于河北省第三次全国国土调查工作情况的通报》《关于提交影像数据的通知》，根据文件要求，及时调整调查工作的进度，并按照要求提交影像数据。

5 月 26 日，秦皇岛市三调办组织已下发省级核查意见的作业单位在石家庄集中办公。

5 月 28 日，第八批省级核查结果下发，涉及海港区。针对核查意见进行补充调查和整改，并按时提交整改成果。

5 月 30 日，第十批省级核查结果下发，涉及青龙满族自治县。针对核查意见进行补充调查和整改，并按时提交整改成果。

5 月 30 日，河北省三调办下发《关于对三调上报成果进行集中整改的通知》，要求已下发省级核查意见的作业单位要在石家庄集中办公，确保整改工作及时、高效。

5 月 31 日，河北省三调办下发《分类举证如何处理（含模板）》，按照举证模板，提交举证文件。

6月7日，秦皇岛市三调办在石家庄集中办公地召开县级成果上报数据督促会，要求各作业单位每日8点之前，汇报当天外业进度；各作业单位加班加点，确保6月10日将第二轮数据提交至省核查单位。

6月10日，河北省三调办在石家庄召开三调成果汇交调度会。省三调办副主任、自然资源厅自然资源调查监测处处长袁辉强调各地加快进度，保证充足的技术人员，保持及时沟通，严把时间节点，按时保质保量完成任务。

6月14日，秦皇岛市三调办下发《关于上报三调县级最终成果的紧急通知》，结合各县区进度，确定各县区三调县级最终成果上报时间，确保成果上报质量、严肃成果上报纪律。

附图6　2019年6月14日，秦皇岛市自然资源和规划局张大为（左五）在石家庄集中办公地主持召开秦皇岛市三调外业进度及最终成果调度会

6月14日，秦皇岛市三调办在石家庄集中办公地召开第三次国土调查外业进度及最终成果调度会，根据全市三调总体进度，要求各作业单位增派人员，加班加点，确保全市三调成果6月20日之前全部提交（附图6）。

6月18日，河北省三调办在石家庄召开全省三调工作调度会议。省三调办副主任、自然资源厅自然资源调查监测处处长袁辉主持并讲话。会议强调各地提高认识，认识到三调是政治任务、政治工程。对一些网言不信、不传。各市可以运用通报形式抓质量，加快进度。会议对各市和各核查单位进行了分组对接，有问题找分组负责人。河北省国土资源利用规划院地籍所副所长高志斌对接秦皇岛市。

6月25日，河北省三调办下发《三调省级核查要求(6.25)》，根据核查要求自检。

6月27日，秦皇岛市海港区、山海关区、卢龙县针对省级核查意见存在的问题与河北省三调办及省级核查单位进行对接（附图7）。

附图7　2019年6月27日，秦皇岛市三调办组织海港区、山海关区、卢龙县与河北省三调办高志斌（右三）、省核查单位对接省级核查问题

6月28日，河北省三调办在石家庄召开全省三调工作调度会。省三调办副主任、自然资源厅自然资源调查监测处处长袁辉主持会议，他强调各地一定要加强沟通，及时与三调办联系，发现问题及时解决。

7月5日，秦皇岛市三调办下发《关于三调集中整改外业补充调查情况通报》，对全市三调集中整改外业补充调查情况进行通报，要求各县区高度重视三调集中整改工作，保质保量高效完成外业补充调查工作。

7月5日，秦皇岛市三调办组织各县区收看国务院三调办召开的“第三次全国国土调查工作调度视频会”，国务院三调办常务副主任朱留华出席并发表了重要讲话。朱留华强调坚决落实陆昊部长提出的十六字要求，清醒认识当前在三调工作中存在的突出问题，紧紧压实县级人民政府调查的主体责任，全力做好省级核查工作，依法严惩弄虚作假行为，切实做好安全生产和保密工作等。

7月10日，河北省三调办在石家庄召开全省三调工作调度会。河北省三调办副主任、自然资源厅自然资源调查监测处处长袁辉强调，全省时间节点定在8月底，非常紧张，全省三调进度不放松，一定要压实县级人民政府第一责任人的主体责任，加强沟通，共同推进，提高作业质量。各市充分用好监理单位，深入了解一下各县的实际情况。与分片联络人及时沟通，及时解决问题。

7 月 12 日，秦皇岛市北戴河区针对省级核查意见存在的数据库问题与河北省三调办高志斌、赵延华及省级核查单位进行对接。

7 月 16 日，秦皇岛市三调办召开“秦皇岛市三调工作调度会”，各县区简要汇报三调和所有权补充调查两项工作的进展、存在的问题及下一步工作安排。

7 月 26 日，秦皇岛市三调办下发《关于做好近阶段三调工作的紧急通知》（秦国土调查办〔2019〕10 号），结合省三调办最新精神对全市三调工作进一步开展进行部署。

7 月 31 日，秦皇岛市昌黎县针对省级核查意见存在的问题与省三调办及省级核查单位进行对接。

8 月 2 日，秦皇岛市三调办下发《关于做好三调初步成果核查整改的紧急通知》（秦国土调查办〔2019〕11 号），根据通知要求，结合省三调办最新精神，做好全市三调初步成果核查整改工作。

8 月 8 日，秦皇岛市山海关区针对省级核查意见中存在的问题与河北省三调办及省级核查单位进行对接。

8 月 8 日，秦皇岛市卢龙县针对省级核查意见中存在的问题与河北省三调办及省级核查单位进行对接（附图 8）。

8 月 16 日，秦皇岛市昌黎县、抚宁区针对省级核查意见中存在的问题与河北省三调办及省级核查单位进行对接

附图 8 2019 年 8 月 8 日，卢龙县与河北省三调办高志斌（右四）、省核查单位对接省级核查问题

8 月 22 日，秦皇岛市青龙满族自治县针对省级核查意见中存在的问题与河北省三调办及省级核查单位进行对接。

8 月 23 日，秦皇岛市三调办主任、自然资源和规划局副局长赵小鹏同志到全市三调集中办公地督导调研，听取了全市进度汇报，并对全市下一步工作进行安排部署（附图 9）。

附图 9 2019 年 8 月 23 日，秦皇岛市三调办主任、自然资源和规划局副局长赵小鹏（左五）到市三调集中办公地督导调研

8 月 24 日，秦皇岛市北戴河区三调初步调查成果通过省级检查，上报国务院三调办。

8 月 27 日，河北省三调办、省核查单位、昌黎县自然资源和规划局、北戴河新区自然资源和规划局、作业单位一起对接北戴河新区高尔夫球场问题。

8 月 30 日，秦皇岛市山海关区三调初步调查成果通过省级检查，上报国务院三调办。

9 月 2 日，秦皇岛市卢龙县三调初步调查成果通过省级检查，上报国务院三调办。

9 月 3 日，秦皇岛市海港区三调初步调查成果通过省级检查，上报国务院三调办。

9 月 4 日，秦皇岛市抚宁区三调初步调查成果通过省级检查，上报国务院三调办。

9 月 11 日，秦皇岛市昌黎县三调初步调查成果通过省级检查，上报国务院三调办。

9 月 12 日，秦皇岛市青龙满族自治县三调初步调查成果通过省级检查，上报国务院三调办。

10 月 17 日，河北省三调办在石家庄召开全省三调工作调度会。各市汇报现阶段三调的开展情况及遇到的问题。齐建伟总工就国家整改反馈意见进行了讲解。

12 月 18 日，河北省三调办在石家庄召开全省“三调调度会”。会议强调：①12 月 20 日是国家的上交时限，各地市一定要传导压力，压实责任，督促各县和各作业单位加班加点，按时保质保量完成任务。②各三调办人员加强学习，熟悉三调业务知识。深入了解作业单位的状况，仔细分析存在的问题。各市用好市级监理，发挥其作用，逐县分析，列出上报时间表。③提前做好更新时点和年度变更准备工作，提前谋划，约束管理作业队伍，保障人员安排。

2020 年

2 月 18 日，秦皇岛市三调办《关于转发冀国土调查办〔2020〕3 号文件的通知》（秦国土调查办〔2020〕1 号），传达国务院三调办关于开展第三次全国国土调查统一时点更新调查的通知，并根据文件要求，做好当前三调工作。

3 月 6 日，秦皇岛市三调办下发《关于转发〈河北省第三次全国国土调查领导小组办公室关于新冠肺炎疫情防控期间有序推进三调工作确保调查成果真实性的通知〉的通知》（秦国土调查办〔2020〕2 号），根据文件要求，有序推进三调各项工作，确保调查成果真实性。

3 月 9 日，河北省三调办下发《关于印发〈河北省第三次全国国土调查统一时点更新暨 2019 年度土地变更调查实施方案〉的通知》（冀国土调查办〔2020〕6 号），为组织做好全省三调统一时点更新及 2019 年度土地变更调查工作，结合河北省实际，制订该方案，遵照该方案执行调查。

3 月 13 日，河北省三调办下发《关于印发〈河北省第三次全国国土调查数据接边实施方案〉的通知》（冀国土调查办〔2020〕7 号），为按时保质完成全省第三次全国国土调查数据接边工作，结合河北省实际，制订该方案，遵照该方案执行调查。

3 月 17 日，国务院三调办召开第三次全国国土调查工作调度视频会议。自然资源部总规划师吴海洋主持会议，自然资源部副部长、国务院三调办主任王广华作讲话。王广华通报了在疫情防控期间各地三调进展情况和全国三调办的工作，要求在联防联控和做好自身防护的前提下，优先开展三调图斑复核、影像解译、地类预判、数据分析等内业工作。会议还强调了要重视和梳理耕地坡度调查工作。

3 月 19 日，秦皇岛市三调办下发《关于印发〈秦皇岛市第三次全国国土调查统一时点更新暨 2019 年度土地变更调查实施方案〉的通知》（秦国土调查办〔2020〕3 号），依据《第三次全国国土调查统一时点更新暨 2019 年度土地变更调查实施方案》《河北省第三次全国国土调查统一时点更新暨 2019 年度土地变更调查实施方案》，为组织做好全市三调统一时点更新及 2019 年度土地变更调查工作，结合全市实际，制订该方案。

3 月 24 日，河北省三调办印发《关于转发进一步核实第三次全国国土调查坡度数据的通知》（冀国土调查办〔2020〕9 号），要求按照国家要求核对下发坡度数据，严格按要求赋值，保证基础数据的准确。

3 月 25 日，秦皇岛市级监理开展秦皇岛市三调县际接边数据检查。

3 月 30 日，河北省省级接边检查单位对秦皇岛市三调县际接边数据检查。

4 月 7 日，秦皇岛市青龙满族自治县、卢龙县、昌黎县市级接边数据提交初检。

4 月 13 日，秦皇岛市各县区全部完成不一致图斑的自主提取。

4 月 18 日，秦皇岛市市级接边全部完成。

4 月 26 日，河北省三调办印发《关于统筹推进全省三调各项工作的通知》（冀国土调查办〔2020〕10 号），通知全面梳理全省三调工作，定出时间表，规定完成时间。核查不通过的 22 个县抓紧整改，收到全部影像的县开始统一时点更新调查，压茬推进各项工作。

5 月 6 日，秦皇岛市三调办下发《关于转发〈河北省第三次全国国土调查领导小组办公室关于统筹推进全省三调各项工作的通知〉的通知》（秦国土调查办〔2020〕4 号），各县区三调办要按照省三调办统一安排部署，加大人员设备投入，扎实开展各项工作，倒排工期、挂图作战，确保按时完成各项任务。

5 月 7 日，河北省三调办在石家庄召开唐山、秦皇岛、张家口、承德、廊坊、沧州、雄安、辛集八市三调工作片区汇报会。省三调办副主任、自然资源厅自然资源调查监测处处长袁辉主持会议，他强调各地应加快三调进度，充分发挥市级监理的作用，落实省三调 10 号文件布置的任务。各地一定要高度重视质量，落实责任制度。及时给市级领导汇报，并做好备查工作。现阶段一定要做好自提图斑（数量、质量两个方面）、初始数据整改、统一时点外业等工作。国家自然资源督察北京局要对各地三调工作开展新一轮专项督查（现阶段和统一时点）。要结合国家自然资源督察北京局上次核查的方式方法，严格进行各项工作的自查，以最好的成绩迎接督查工作。

5 月 9 日，秦皇岛市市级监理检查组对各县区第三次全国国土调查统一时点更新调查工作开展情况进行内外业监理检查，并予以指导，17 日结束监理检查（附图 10）。

5 月 15 日，自然资源部在北京召开"第三次全国国土调查统一时点更新调查工作部署视频会议"，研究部署近期三调特别是统一时点更新调查工作，分析问题，研究对策，确保各地按时保质提交合格的三调数据成果。自然资源部部长、国务院三调领导小组副组长陆昊，国家自然资源专职副总督察陈尘肇，自然资源部副部长、国务院三调办主任王广华出席会议并讲话。会议分析了当前的三调形势，部署了下一阶段的任务。

附图 10 2020 年 5 月 12 日，秦皇岛市自然资源和规划局张大为（左一）及市级监理检查组对卢龙县三调工作开展情况进行监理检查

5 月 16 日，秦皇岛市三调办调查组组长张大为及三调市级监理单位骨干到抚宁区自然资源和规划局检查指导三调工作，并实地核实图斑的地类认定情况。

5 月 20 日，秦皇岛市三调办下发《全市三调统一时点更新调查成果监理情况通报》（秦国土调查办〔2020〕5 号），针对 5 月 9 日至 17 日市级监理对各县区三调统一时点更新调查成果的检查情况进行通报，提出监理过程中发现的问题，以及三调后续工作的要求。

5 月 25 日，河北省地质调查院主任刘德到抚宁区对三调统一时点图斑地类认定情况进行现场指导。

5 月 25 日，秦皇岛市三调办在昌黎县自然资源和规划局召开三调督导会，市三调办副主任、自然资源和规划局确权登记局局长彭云及河北省地质调查院主任刘德参会，并对昌黎县外业举证图斑地类认定进行现场指导。

5 月 25 日，秦皇岛市三调办邀请省级核查单位到秦皇岛市现场指导三调地类认定，27 日结束监理检查（附图 11）。

附图 11　2020 年 5 月 25 日，省级核查单位河北省地质调查院主任刘德（左二）到秦皇岛市现场指导三调地类认定

5 月 28 日，河北省三调办在石家庄召开全省“第三次国土调查工作推进会”。省三调办副主任、自然资源厅自然资源调查监测处处长袁辉主持会议，省自然资源厅副厅长张国军作讲话指示。会议指出要提高政治站位，深刻认识数据真实性的极端重要性，坚持实事求是，严禁弄虚作假；压实责任，齐心协力做好三调工作，省市县共同发力，发挥作业队伍和监理队伍的支撑作用；分秒必争，加快工作进度，严格质量控制，强化措施，确保按时保质完成任务。会议强调市县分管局长立即向“一把手”局长和分管市长如实汇报三调情况，讲清利害关系，加强配合，实事求是。并在 10 日之内向省三调办汇报各市批示情况，以全面推进三调工作。

5 月 29 日，秦皇岛市级监理对秦皇岛市所有县区进行三调统一时点更新调查实地监理检查，并予以指导，7 月 4 日结束监理检查。

6 月 5 日，秦皇岛市三调初始数据库复核意见下发各县区，于 6 月 10 日修改完成上报国务院三调办。

6 月 9 日，国家自然资源总督察办公室印发《第三次全国国土调查初始调查复核成果督察工作方案》（自然督办发〔2020〕5 号）。按照 5 月 15 日“第三次全国国土调查统一时点更新调查工作部署视频会议”有关要求，为促进三调工作严把质量关，确保三调成果真实、准确、可靠，经国家自然资源总督察办公室批准，国家自然资源督察机构在全国组织开展三调初始调查复核成果督察。

6 月 16 日，秦皇岛市三调办在昌黎县自然资源和规划局召开三调督导会，书记刘洪波主持，局长马建民、副局长曹建新参加，市三调办主任、自然资源和规划局副局长赵小鹏及有关领导与会督导工作。

6 月 16 日，秦皇岛市三调办主任、自然资源和规划局副局长赵小鹏带领市三调办骨干及三调市级监理单位工作人员到抚宁区自然资源和规划局检查指导工作（附图 12）。

附图 12　2020 年 6 月 16 日，秦皇岛市三调办主任、自然资源和规划局副局长赵小鹏（左三）督导昌黎县三调工作

6 月 19 日，秦皇岛市三调办下发《关于转发冀国土调查办〔2020〕14 号文件的通知》（秦国土调查办〔2020〕7 号），结合全市实际，认真做好自查自纠，保质保量完成统一时点更新成果上报工作。

6 月 23 日，国家级核查单位对卢龙县三调初始成果进行外业抽查，核查单位实地核查了图斑地类，核查工作于 26 日结束。秦皇岛市三调办副主任、自然资源和规划局确权登记局局长彭云陪同检查。

7 月 17 日，河北省三调办在石家庄召开全省“第三次国土调查工作推进会”，全面深入调度三调工作。省三调办副主任、自然资源厅自然资源调查监测处处长袁辉主持会议并讲话强调：①目前各县的错误率很高，质量有很多问题，针对这种情况各市应充分发挥市级监理的作用，严把县级成果质量关。保证作业员人数，提高作业水平，切实提高认识。②核查单位查 3 天，反馈后县级最多 6 天改完。省级联络人立即组织各市和核查单位对接，根据质量逐县分析，共同确定整改和上报时间，确保按时上报国家。会后各市业务骨干长留石家庄，联系对口省级核查单位，及时督促本市三调工作进度及质量。

7 月 17 日，秦皇岛市三调办组织各县区与河北省地质调查院主任刘德对接重点问题（附图 13）。

附图 13　2020 年 7 月 17 日，秦皇岛市三调办组织各县区作业单位与河北省地调院主任刘德（右一）对接重点问题

7 月 20 日，秦皇岛市三调办下发《关于做好统一时点更新调查成果核查整改的通知》（秦国土调查办〔2020〕9 号），根据文件要求，确保全市三调统一时点更新调查成果质量，加快省级核查整改进度，秦皇岛市三调办作出安排部署。

7 月 21 日，秦皇岛市三调办、各县区三调办及各县区三调作业单位在石家庄集中整改统一时点更新调查成果。8 月 31 日结束集中整改工作。

7 月 27 日，河北省三调办各位领导专题研究青龙满族自治县林地、草地图斑难以认定的问题。省三调办副主任、自然资源厅自然资源调查监测处处长袁辉主持会议，他强调要认真查找问题，按技术方案和技术规程核实地类，克服困难一定要把地类核实；这是要用十年的工作底图，要经得起时间和其他部门的考验；对违反实事求是原则造成重大问题的，省三调办对市、县局、市级监理单位、作业单位要逐一追责处理（附图 14）。

附图 14　2020 年 7 月 27 日，河北省三调办各位领导专题研究青龙满族自治县林地、草地图斑难以认定问题

7 月 29 日，秦皇岛市三调办组织北戴河区、秦皇岛经济技术开发区作业单位技术人员与省级核查单位河北省地质调查院主任刘德对接检查存在的问题。

7 月 30 日，河北省三调办在石家庄召开全省三调督导会。省三调办副主任、自然资源厅自然资源调查监测处处长袁辉主持会议并发表重要讲话。袁辉处长强调：①各市、各县一定要紧抓作业队伍，保证作业人员，保证作业时间，加班加点，争分夺秒，进行整改。各市要充分利用好市级监理单位，摸清楚各县的真实情况，不能偏听偏信。②各县在收到省级核查反馈意见后要抓紧对接，尽快修改，并且一定要修改到位，监理要起到应有的作用。③各市和省级联络人要抓紧梳理问题，摸清情况，不能出现多轮反复修改的情况。对于拒不修改，或修改不到位，或修改超时延期的，三调办会通报或约谈其相关责任人。

8 月 4 日，河北省三调办印发《河北省第三次全国国土调查 2020 年度工作计划》。2020 年是三调工作收关之年，全省三调主要围绕完善三调初始成果、统一时点更新调查、年度土地变更调查来开展。按照国务院三调办统一部署要求，倒排时间工期，优化工作流程，多措并举，攻坚克难，确保按时保质完成任务。结合工作实际，制订全省三调 2020 年度工作计划。计划由总体目标、主要任务、工作步骤、保障措施四部分组成，该计划的认真落实有利于推进全省的三调工作。

8 月 6 日，河北省三调办印发《关于转发国土调查办〔2020〕11 号文件的通知》（冀国土调查办〔2020〕18 号）①，通知要求进一步做好统一时点更新调查阶段保密工作，时刻树立保密意识，全流程做好保密工作，加强三调涉密内容管理。

8 月 10 日，河北省三调办在石家庄召开全省“第三次国土调查工作推进会”，对各市存在的主要技术问题进行了汇总，省级核查单位与各市进行了对接。

8 月 14 日，河北省三调办召开全省“三调调度会”。省三调办副主任、自然资源厅自然资源调查监测处处长袁辉强调市级三调办必须配合省级核查单位与县级作业单位充分沟通，和省级联络人及时对

① “11 号文件”指《关于加强第三次全国国土调查安全生产工作的通知》（国土调查办发〔2019〕11 号）

接，发挥真正的作用；拉开距离，不扎堆，不窝工，合理安排好整改时间；行政方面，加强对县级的调度，县自然资源和规划局主管局长要到位，固定作业人员，保证人员数量，与核查单位充分对接，加班加点加快进度；确有困难不能举证的要承诺举证，需县级三调办盖章确认。

8月24日，河北省三调办召开全省“三调工作推进会”。会议指出：时间紧迫，当前报送比例不到一半，各市一定要提高工作效率；北京督察局和国家级核查会关注这些进度慢的县；各科长要常驻石家庄直到完成全部任务，每天到省三调办报到，汇报进展；要减少举证量，对反馈问题整改到位，避免多轮反复，提高效率；对地类认定一定要实事求是，不得干预技术人员的判断；核查单位要专人对专县指导县级修改，加快核查整改进度；有问题及时上报，不能等开会时再报；省级分片包干人员要切实负起责任，切实指导整改；到8月31日，还不能完成的市县和省级核查单位，省三调办要进行通报，同时报送市委市政府、县委县政府或上级主管部门。

8月27日，河北省三调办、省林业和草原局、秦皇岛市三调办，秦皇岛市级监理单位、青龙满族自治县自然资源和规划局以及作业单位河北恒华信息技术有限公司，对接青龙满族自治县林草问题，于28日结束对接（附图15）。

9月16日，河北省三调办印发《关于河北省第三次全国国土调查统一时点更新工作完成情况的通报》（冀国土调查办〔2020〕19号），通知要求清理调查任务，配合三调专项督察，做好数据修改，完善后续工作。

附图15　2020年8月28日，秦皇岛市三调办组织青龙县自然资源和规划局及作业单位与河北省三调办、省林业和草原局专题对接青龙县林草地类认定问题

9月18日，河北省三调办印发《关于转发国土调查办〔2020〕12号文件的通知（关于做好统一时点更新调查国家级核查发现的疑问图斑整改的通知）》（冀国土调查办〔2020〕20号），文件要求对国家级核查发现的问题图斑逐图斑认真核实，同时套合湿地、河湖岸线、最高水位线等数据，收到反馈意见后6个工作日内完成整改。

9月24日，河北省三调办在石家庄召开全省“三调工作调度会”。会议主要内容是传达自然资源部重点工作调度会议精神，三调坚持实事求是；河北省自然资源利用规划院地籍所所长赵建利解读国务院三调办《关于做好统一时点更新调查国家级核查发现的疑问图斑整改的通知》有关内容；对统一时点更新调查成果国家级核查意见的修改、上报等工作提出具体要求以及研讨有关技术问题。省三调办副主任、自然资源厅自然资源调查监测处处长袁辉主持会议强调严格按照国家三调办通知，要认真对待这次整改，必须在5天内整改到位，并保证成果的真实可靠；一定要保证成果质量，对反复修改不到位的县区，省三调办将进行通报；十一期间不休息，保证作业技术人员充足；多标段的县区要以一家为主牵头单位进行修改，不再分割；收到核查意见后立即修改，改合格后再离开；省级核查单位要保证核查技术人员充足到位，统一标准，分配任务，合理安排好时间，提高速度和质量；督察发现的问题必须整改到位，逐图斑查改，同时要将国家外业核查反馈意见一并整改到位。

9月25日，自然资源部召开“三调视频调度会”。自然资源部副部长、国务院三调办主任王广华出席并发表重要讲话。王广华指出，一要始终坚持数据真实性，这是三调的生命线。二要持续纠正错误图斑，不断提高数据成果质量。三要以“不等不靠”的积极态度加快核实整改进度。四要加强数据库质量检查。五要明确专人做好复核对接。王广华同时对开展耕地资源质量分类工作作动员部署。

9月27日，秦皇岛市三调办召开全市“三调调度会”，传达《关于做好统一时点更新调查国家级核查发现的疑问图斑整改的通知》（国土调查办发〔2020〕12号）的会议精神（附图16）。

附图 16　2020 年 9 月 27 日，秦皇岛市三调调度会

10 月 2 日，秦皇岛市三调办组织各县区作业单位在石家庄集中整改三调统一时点国家级核查意见，所有县区统一时点成果于 21 日均已整改完毕，并上报国务院三调办。

12 月 15 日，河北省三调办在石家庄召开国土变更调查工作会议。省三调办副主任、自然资源厅自然资源调查监测处处长袁辉主持会议，会上部署了 2020 年度国土变更调查工作，及三调后续工作安排。强调变更调查要坚持实事求是原则，提前做好调查队伍培训、设备安排等准备工作。继续做好三调后续工作，主要是统计分析汇总以及相关报告和图件的编制工作，准备验收的资料。同时一定要做好三调数据的保密工作，对外提供数据要慎重。会上河北省自然资源利用规划院地籍所所长赵建利解读 2020 年度国土变更调查有关要求。河北省自然资源厅自然资源调查监测处副处长王伟解读了《国土空间调查、规划、用途管制用地用海分类指南（试行）》和变更的相关问题。会上就其他相关问题进行了讨论研究。

2021 年

6 月 2 日，河北省第三次全国国土调查领导小组办公室印发了《关于开展市县级第三次全国国土调查成果检查验收工作的通知》，通知要求各地要提高认识、高度重视，周密组织、统筹安排，主要领导亲自抓，做好汇总成果编制、自检、检查和验收等各项工作，按时保质完成，收好关、结好尾。

6 月 3 日，秦皇岛市第三次全国国土调查领导小组办公室转发省三调办通知，要求各县区加快三调成果应用，确保成果质量，认真做好自检和市级检查。

7 月 15 日，市级汇总单位对全市 7 个县区的三调成果进行全面检查，统一了全市三调成果要求，同时将检查意见反馈各县区三调办。

7 月 23 日，河北省第三次全国国土调查领导小组办公室印发了《关于上报三调市县级成果编制工作进度的通知》，通报了各市提交验收申请的情况，同时要求各市统计本市县级成果上报情况、市级检查情况等。

7 月 27 日，秦皇岛市三调办组织各县区作业单位，针对三调县级成果进行了为期两天的集中整改（附图 17）。

附图 17　2021 年 7 月 27 日，市三调办组织各县区作业单位与市级汇总单位监理单位对县级成果进行技术交流

9 月 3 日，河北省第三次全国国土调查领导小组办公室印发了《关于转发国土调查办发〔2021〕2 号文件的通知》，要求各地做好三调主要情况汇报和主要数据发布工作，推进市县级三调成果验收。

9 月 18 日，秦皇岛市三调办下发通知，要求各县区按照国家及省有关要求，确保三调公告、汇总分析及成果报告中相关数据统计口径一致，对市县级成果有关内容进行补充完善。

10 月 22 日，河北省第三次全国国土调查领导小组办公室印发了《关于加快报送市县级第三次全国国土调查成果的通知》，通知明确，按疫情防控要求，为加快推市县级第三次全国国土调查成果验收工作，确保成果质量，省三调将市县成果验收形式调整为函审等方式，不再到各市开会验收，要求各市将有关成果报送河北省三调办。

11 月 3 日，河北省三调办组织有关专家，采用函审方式，对秦皇岛市县级三调成果进行了验收。经专家审查评议，秦皇岛市所有县区县级成果一次性通过验收。

11 月 23 日，河北省三调办组织有关专家，采用函审方式，对秦皇岛市级三调成果进行验收。经专家审查评议，秦皇岛市级三调成果一次性通过验收，并在验收意见中对于市级成果图件融合高程数据的创新举措给予了高度肯定，秦皇岛市级三调成果被河北省三调办认定兼具“实用性”和“创新性”。

秦皇岛市第三次全国国土调查
市级成果验收意见

2021 年 11 月 23 日，省三调办组织有关专家（名单附后），采用函审方式，对秦皇岛市第三次全国国土调查市级成果（暨秦皇岛市国土资源局秦皇岛市第三次土地调查项目）进行了验收，专家组审阅了相关资料，通过沟通交流，形成验收意见如下：

一、秦皇岛市第三次全国国土调查工作，领导重视，措施得力，市三调办组织完成了 7 个县级单元的调查工作，编制了市级汇总成果，按时完成了国家和省下达的各项任务，查清了国土资源基础数据，为自然资源科学管理、决策提供了保障。

二、提交的成果资料齐全、规范，符合验收要求及合同约定。

三、文字成果内容完整、结构合理、语句通顺；图件成果取舍合理、注记正确、整饰规范，融合高程数据，创新性地展现了土地利用的三维效果，增强了实用性和美观；数据成果准确、规范。

四、编制了专著、图集，丰富了成果形式。

综上所述，秦皇岛市第三次全国国土调查成果符合国家和省有关要求，同意通过验收。

验收组组长：高福居

2021 年 11 月 23 日